# だから私には
# 友だちがいない

上田俊秀
UEDA TOSHIHIDE

幻冬舎MC

# はじめに

お聞きします。あなたには、一緒に遊んだり、お話ししたりする親しい友だちはいますか？

いないという方にお聞きします。そのことで悩んでいますか？

悩んでいるという方にお聞きします。どのような悩みですか？

その悩みを解決するために、他に代替できることはありませんか？

友だちがいないことに対する悩みとは何でしょう？

ひとりぼっちで寂しい？　学校や職場や街に出れば、人はいっぱいいます。話し相手を見つけられるような場もあります。話の合いそうなインターネット上のＳＮＳ（ソーシャルネットワーキングサービスの略称：利用者同士が交流できる場所）に気軽に参加することもできます。

相談相手がいない？　そもそも、友だちに何でも相談できますか？　お悩み相談電

# だから私には友だちがいない

話や窓口もあります。匿名で相談事を書き込むと、様々な回答が得られるホームページもあります。

世間体が悪い？　確かに学生時代なら「あの人はいつもひとり」などと陰口を言われることもあります。誰に何を言われようと気にしなければ済む話です。

逆に、友だちがいないメリットもありませんか？　何よりも、自分のためだけに自由に時間を使うことができます。無駄な友だち付き合いのための交際費がなくなり、自分のためだけにお金を使うことができます。

今は、ひとりで過ごす環境も整ってきました。喫茶店やカフェなどの飲食店でも、おひとり様席があります。他にも「ソロ活」という言葉があるように、いろいろなところにひとりで行くことも、珍しいことではなくなりました。

このように考えていくと、「なんだ、友だちがいないからと言って、悩む必要はないんだ。」となりませんか？

そうなんです。

友だちがいないということで、悩む必要なんてないんです。友だちはいらないと言っているのではありません。もちろん、たくさんの友だちがいて、日々楽しく暮らしているという人は、それはそれで幸せなことかと思います。幼児期には遊び友だちがいたほうが楽しいし、学生時代には、遊び友だちや勉強友だちがいたほうが、充実した学生生活を過ごせることは確かだとは思います。

私の場合はというと、気がつくと60歳で定年退職して1年以上もの間、妻以外とお茶したり飲みに行ったり食事に行ったり遊びに行ったりなんてことは全くありません。かつての友人や知り合いに、メールや電話で連絡を取り合ったこともありませんでした。そう、もはや、私には、友だちと呼べる人がいないのです。年賀状も、定年退職前後から極端に減りました。

別に友だちがいない自慢をしたいわけではありません。そんなことをしても誰も得をしませんからね。

定年後によくありがちなことで、寂しくはないですかなんて言われそうです。でも、孤独だとか、寂しいとか感じたことはありません。読書したり映画を見たり、ひとりで過ごすことが、もともと好きでした。退職後、そのための時間がたっぷり取れるようになり、むしろ、一日1冊の読書、一日1～3本の映画鑑賞をすることもあり、毎日があっという間に過ぎてしまいます。

気がかりは、仕事を全く辞めてしまったことと、読書や映画鑑賞などインプットばかりで、インドアが多く外に出かけることが少なくなりがちなことです。社会とのつながりを絶ってしまった後悔というほどのことではありません。

マンションの理事会に出席することもあれば、外食や喫茶店で本を読んだり買い物に行ったり、役所や業者の方と会話したり、必要に応じて人と接することは当然あります。決して、ひきこもりにはならないようにしています。

心身ともに健康なのに、働いて収入を得なくなってしまったことに対する後ろめたさということです。とりあえず、この点は、機会があれば適当なアルバイトなどを見つけても良いかななどと、悠長に構えています。

振り返ってみると、友だちが少ない、あるいはいない私には、それなりの理由があったように感じています。そんな事情を、幼児期、小学校、中学校、高校、大学、社会人、ネット上、退職後などそれぞれの時代に分けて、順に体験談を交えて書き連ねていきたいと思います。そして、そんな私の体験談から、友だちができやすい／できにくいというのはどういうことかについても考えてみたいと思います。つまり、アウトプットしてみようということです。

あくまでも、私自身の考えに基づくもので、誰にでもあてはまるものではないと思います。決して、私に対する直接の「あなたは、間違っている」などのご指摘や、悪意に満ちた誹謗・中傷だけは、ご容赦願います。友だちがいないとか少ないと感じている人に、友だちがいなくても、幸せに暮らせるということを、気軽に読んでいただけたらと思います。友だちがなかなか作れないとお悩みの方には、友だちができやすい／できにくい原因として参考にしていただければ幸いです。

## 友だちとは

ところで、友だちと言っても、幼なじみや竹馬の友などの幼い頃からの友だち、学生時代の友だち、社会人時代の友だち、老後の友だち、男友だち／女友だち、飲み友だち、ＳＮＳなどネット上の友だち、ネットゲーム友だちなど様々な形があると思います。

今現在、友だちがいないといっても、幼い頃や学生時代、社会人時代も、ネット上でも、少ないながらも友だちと呼べる人たちはいました。それらの友だちとは、けんか別れしたわけではなく、なんとなく自然に疎遠になってしまったというところです。

友だちという言葉の定義を明確にすることが、本書の目的ではありません。

友だちとは、どのようなイメージでしょうか。友だちの定義は、人によって違うと思います。私の場合は、漠然と知り合いのうち「仲が良い」とか「親しい」人が友だちと考えています。オンライン辞書のＷｅｂｌｉｏ辞書・国語辞典によると「友だちとは、互いに心を許し合って、対等に交わっている人。一緒に遊んだりしゃべったりする親しい人。」とあります。単なる知り合いや、一方的な関係ではないということですね。

私の場合、ほとんど毎日、友だちもなく、気楽にひとりで過ごすことがほとんどです。世間では、どうなのでしょうか。喫茶店などに行くと、高齢者がひとりでお茶していたり、お友だち同士複数でお話ししています。毎週日曜日、定期的に５～６人で集まって世間話している方々なども見かけます。散歩をしていると、近くのテニスコートで、テニスをしている高齢者の方々を見かけることもあります。

内閣府の令和３（２０２１）年版高齢社会白書によると、60歳以上の人に、家族以外の人で相談し合ったり世話をし合ったりする親しい友だちがいるか尋ねたところ、「いずれもいない」と回答した割合は、日本において31・３％であったという調査結果があります。

コロナ禍で人と交流しにくいという環境もあったと思いますが、前回の平成27（2015）年度調査でも25・9％であったといいますから、10人のうち2〜3人は、互いに相談や世話をする友だちがいないということになります。

この数値を多いと見るか少ないと見るかは、人それぞれですが、私は、私と同じような人が、意外といるものだなと思いました。ちなみに、海外では令和3（2021）年度調査で、アメリカ14・2％、ドイツ13・5％、スウェーデン9・9％となっており、日本よりも低い割合となっているとのことです。つまり、海外の方は、日本人に比べて、友だちのいる方が多いということですね。


若者の場合はどうでしょう？　今はネット上だけの友だちなど、実際に会うことのない友だちもいます。このように友だちに対する認識も多様化しており、一概に、何人が何％とか把握するのは難しいように思います。

「若者の生活と意識に関する調査」「生活と意識に関する世代比較調査」という青少

年研究会の調査があり、結果速報が公開されています。ここでは、友だちを親密度により「親友（恋人を除く）」「仲のよい友だち」「知り合い程度の友だち」として調査しています。

主な結果は、「親友（恋人を除く）の人数」の平均値は3・4、「仲のよい友だちの人数」の平均値は12・7、「知り合い程度の友だちの人数」の平均値は45・6と、いずれも10年前の数値よりも減少しています。コロナ禍の影響もあるのでしょうね。

友人との付き合い方についての調査結果を見ると、友だち関係は多元化・希薄化していることが分かります。「遊ぶ内容によって一緒に遊ぶ友だちを使い分けている」で「そうだ」と回答は74・1％もあり、「友だちの関係はあっさりしていて、お互いに深入りしない」の「そうだ」の回答も57・9％と、いずれも前回の数値よりも増加傾向にあるからです。

結論をまとめると、少なくとも、親友と呼べる人は数人、友だちの関係性は多元化・希薄化しており、同時に行われた中年層の調査結果からも、学生から社会人と年齢を重ねていくうちに友だちの数は減っていくということだけは確かなようです。

（出典）　青少年研究会、２０２３、「ａ　若者の生活と意識に関する調査」単純集計結果（16～29歳、①全国／②大都市、有効回収数〈率〉９２６／６３５人〈38・６％／26・５％〉、２０２３年９月11日掲載）、青少年研究会ホームページ、（※２０２３年10月31日取得、http://jysg.jp/research.html）

目次

## 第6章 社会人時代の友だち

## 第7章　ネット時代の友だち

第1章

# 幼児期の友だち

# 初めての集団生活

１９６１年４月26日、私は今の山梨県南アルプス市に農家の次男として生まれました。何の関係もありませんが、同じ誕生日の有名人にワールド・ベースボール・クラッシック（ＷＢＣ）２０２３の代表監督であるＫＨ氏がいます。また１９６１年４月といえば、「地球は青かった」で有名なソ連のユーリ・ガガーリン少佐が地球一周有人飛行に成功したという年・月でした。もちろん暗いニュースもありましたが、なんとなく平和な時代に生まれたように思います。

生まれてから保育所に通っていた頃の記憶は、ほとんどありません。

生まれた頃には、おばあちゃんもいて、もう歩き回れなかったそうですが、座って私の背中をポンポンと軽く叩いて、あやしてくれていたそうです。残念ながら、物心つく前には亡くなってしまいました。

おとなしい子で、人前で大声を出したりなんてことはなかったようです。人見知りな性格でしたので、たまに「（保育所に）行きたくない」などと泣き叫んで、母親を困らせたことはあったようです。子どもなら必ずあることですよね。あと、保育所では『オバケのＱ太郎』（藤子不二雄著、小学館１９６４～１９７６年）のアップリケをあしらったお布団でお昼寝していたようです。これは、そのことを覚えていたというより、家の押し入れの中に布団が残っていたので、後で分かったことです。

山梨県の農村地域で育ちましたので、家の周りは畑や住宅ばかりで、近くに整備された大きな公園などはありませんでした。遊び場といえば、学校などの校庭や、近所のお寺や神社の境内、家の庭先などでした。

よくドラマなどでは、たまたま公園の砂場で、よその子と一緒になって仲良くなり「また遊ぼうね」なんてことがあります。また、母親同士が仲良くなって、子ども同士も仲良くなるなんてこともあります。

ですが、私の場合は、この時期に近所の子と遊ぶことは、あまりなかったようです。

同じ時代に同じような環境で同じような経験をしていると、友だちになりやすいと思います。したがって、人生においてはじめて集団で過ごす場ほど友だちのできやすい環境はありません。

私の場合、地元の公立の保育所、小学校、中学校だったので、同じ地域で、同じような環境で、知り合いの輪が、徐々に広がっていきました。

## 身近な集団が友だちづくりの場になる

## 大勢の中でもひとり

現在、マンションのベランダ越しに見える公園で、小学生や近所の保育所や幼稚園の園児たちが、キャッキャ言って遊んでいます。近所の保育所や幼稚園には、広い庭などがないので、平日の午前中には、よく前の公園にお散歩がてら、遊びにやってきます。

赤や青や黄色のカラー帽子をかぶった子どもたちが、楽しそうに遊んでいます。子どもたちの遊ぶ声は、たとえ、キャーという叫び声でも、本当の恐怖心からのものではなく、遊びの最中のものですから、決してうるさく迷惑とは感じませんよね。「元気ですねぇ」などと可愛く、ついほほ笑んでしまいます。

世の中には、近所の保育所の声がうるさいと苦情を申し立てる人もいるようですが、哀しいですね。

この子たちが、日本の将来を背負ってくれるというのに、と思ってしまいます。外で元気に遊び回るより、家にこもって黙ってテレビゲームばかりしている方が、健全な社会とでも言うのでしょうか。

ただし、前の公園でも、たまに夜9時過ぎに、高校生らしき子たちが、奇声を発して遊んでいることがありますが、これはさすがに迷惑ですね。

このように大声を出す子どもたちも多いのですが、私は、そんな子ではなかったようです。みんなで飛び回っている子が多い中で、たまに、みんなと馴染めずに壁際などでひとり立ちつくして、みんなの遊ぶ様子を見ている子がいます。昔の私を見ているようで、思わず「みんなと遊びな！」と声をかけてあげたくなってしまいます。

子どもにも個性があります。元気な子もいれば、おとなしい子もいます。落ち着かない子もいれば、動きの遅い子もいます。子どもたちには、いろいろなタイプの子がいること、どんなタイプの子とも差別することなく接してほしいと思います。そして、みんなと遊ぶ中で仲の良い友だちを見つけてほしいと思います。

## みんなと遊ぶところから友だちは生まれる

### 大人の支援が必要

私は、みんなの輪に入っていくことが苦手で、保育士の先生から「トシヒデちゃんも、入れてあげて」とか、他の子から「トシヒデちゃん、一緒に遊ぼ！」などと言われて初めて、一緒に遊べるタイプの子でした。その場では仲良くなれても、なかなかその後もいつも一緒に遊ぶようなお友だちはできなかったようです。

公園デビュー的なものはありませんでしたので、保育所が、近所の子と知り合いになる最初の機会でした。そして、初めての友だちづくりの場でした。なんとなくみんなと遊べていましたが、特別仲の良い子はいなかったと思います。何かあると譲ってしまう方でしたので、けんかをするということもなかったようです。

平日の午前中に散歩していると、近所の保育所や幼稚園の園児たちのお散歩とよくすれ違うことがあります。2列になって、隣の子同士で手をつないで、実にほほ笑ましいです。たまに、手が離れてしまうと、保育士の先生が、「○○ちゃん、ちゃんと手をつないでね」と、しっかりフォローしてあげています。保育所によっては、プラスティックのリングがいくつもついた1本のロープにつかまって歩いている子どもたちなんかもいます。年少さんたちは、5～6人乗りの手押しワゴン車に乗せられてお散歩というより外出ですね。

この頃は、自分から意識して友だちをつくるというより、親や保育士の先生たちが、一緒に遊ぶのを促したり、お散歩で手をつなぐようガイドしたり、遊んでいる最中に何かのきっかけで、自然と友だちになるという場合が、多いのではないでしょうか。いろいろなタイプの子がいる中で、自分から声をかけられない子には、是非、周りの大人たちが手伝ってあげてほしいと思います。また子どもたちには、「おはよう」「こんにちは」「さようなら」など、誰にでも明るく挨拶できる子になってほしいと思います。それが、友だちになる出発点ですから。

ただし、この頃の友だちが生涯の友となるケースは、その後の小中高などの進路がたまたま一緒とかでもない限り、難しいようにも思います。もちろん、大きくなってたまたま再会し、そこから意気投合し長い付き合いになるなんてこともあるかとは思いますが。

私の場合、人見知りで内向的で自分から誘うことをしない物静かな性格はこの頃からでした。ですから、保育士の先生や親に助けられても、その場では仲良くなれても、なかなかその後もいつも一緒に遊ぶようなお友だちはできなかったようです。それでも、この頃は、なんとなくでもみんなと遊べていれば、問題なかったように思います。

## 大人の後押しで友だちになる

# 第2章

# 小学校時代の友だち

# 近所の友だち

小学校に入学すると、先生は「クラスのみんなと仲良くしましょう」と必ず言います。少なくとも、顔と名前を覚えて、気軽に話せるような関係になりましょうということでしょうか？　でも、有名な歌にあるように1年生で百人の友だちというのは、どう考えても無理ですよね。

小学校時代、私には全く友だちがいなかったわけではありません。例えば低学年の頃、近所の同級生の女の子の家に、よく遊びに行って、おままごとのような遊びをしていました。帰る時に、ブドウを持たせてくれたのが嬉しかった思い出があります。ただそれも、1年くらいで、自然に行かなくなってしまいました。

もうひとり、近所の同級生の男の子の家に、学校帰りによく遊びに行った思い出もあります。いろいろなおもちゃを持っていたので、それで遊んでいたように記憶しています。背の低い子で、私は高い方でしたので、凸凹の珍しい組み合わせでした。ただそれも、学校は同じままでしたが、彼が少し離れたところに引っ越してしまってからは、自然と疎遠になってしまったようです。

また、別のそれほど親しいと思っていなかった子が、親の転勤で引っ越すことになり、５～６人の友だちとして招かれ、外食に行った思い出があります。デパートの食堂で、かた焼きそばを注文しました。当時は、焼きそばといえば、ソース焼きそばしか知りませんでした。ところが、揚げた麺にあんかけをかけたかた焼きそばが出てきたものですから、みんな戸惑ってしまいました。誰ともなく「これは焼きそばじゃない」と言って結局、みんな残してしまいました。当然、代金は引っ越す友だち持ちで、悲しそうな顔をしていたことを、今も思い出します。

せっかくのお別れ会を「初めてで美味しかったね」と、気持ち良くできなかったのかと悔やまれます。その子とは、それっきりで、連絡を取り合うことも、会うこともありませんでした。

やはり、別の地域に移ってしまうと、友だち関係の持続は難しいですね。近くに住んでいるということも、友だちでい続けるための大きな要因だったと思います。

年齢の異なる近所の子たちとは、朝集合して、一緒に学校に通っていましたので、たまに、誰からともなく、学校から帰ってから一緒に遊ぼうと声がかかり、一緒に遊んだ記憶があります。ここでも、6年生になっても、自分が中心になって呼びかけてということはあまりなかったようです。

当時私の周りでは、近所の子たちを呼んで、お誕生日会を開くことが、恒例となっていました。私も、もちろん自分の番が来ると、自分からお招きしました。ただし、苦手な年上のガキ大将だけは、呼びませんでした。当日、当人が遊びの誘いに来た時は、諦めて帰るまで、みんなして静まり居留守を使ったことなどもありました。

家の周りのよその家の畑で、みんなでさくらんぼをつまみ食いして、父親に叱られたなんてこともありました。また、近所のひとり暮らしのおばさんの椎茸の菌打ちの手伝いをして、小遣い１００円をもらったなどの思い出もあります。ちなみに「椎茸の菌打ち」とは、おばさんがドリルで穴をあけた原木に、椎茸の種駒をトンカチで打ち込む作業のことです。

小学校時代のあだ名は、近所の子たちには「トンカッチャン」、同級生からは「ウマさん」と呼ばれていました。名前が「と」で始まるから「トンカツ」で「トンカッチャン」、馬のように足が速いから「ウマさん」で、誰が名付けたかは不明です。

このように、思い出してみると、近所の子たちとは、それなりに遊んでいたなという気がします。中学受験もありませんでしたので、高学年になっても、勉強ばかりしていたわけではありません。もちろん、宿題だけは、きちんとやっていたと思います。

普通は、小学校時代になると学年が進むにつれて、友だちをつくるという意識が大きくなっていくように思います。小学校時代の友だちは、一緒に遊んだり、勉強したりする友だちですね。しかしながら、私の場合、積極的に自分から友だちづくりはしなかったようです。

## つくりやすいのは、近所の遊び友だち

### クラスの友だち

小学校3年の時に、クラス委員の投票があり、投票の多い順に、委員長、副委員長、書記などを選ぶということがありました。私は特に人気があったわけではありませんが、

3番目くらいの票が集まり、書記に選ばれてしまいました。すごく嫌でしたけれどね。自分で言うのも気恥ずかしいのですが、背が高く、まじめで成績も悪くなかったことから、高学年になっても、よくクラス委員に推薦されることがありました。リーダーシップなんて発揮したいと思っていませんでしたので、いつも断固拒否の姿勢でいましたが、どうしてもやらされることもありました。

小学6年生になると、身長が169センチと小学生にしてはずば抜けて高かったので目立っていました。修学旅行の集合写真では、後ろの方で、先生の隣で、先生と同じくらいの背丈でした。

黙っていると中学生に見られることもありました。放課後、校庭にいると、通りがかった中学生から目をつけられるなんてこともありました。「あいつ、デカくねぇ?」などと陰口をささやかれる程度で、幸い、いじめられるようなことにはなりませんでした。

声変わりも早く、たまたま、ラジオ番組が小学校に取材に来た際も、インタビューに、わざと低い声で答えたなんてこともありました。後日、オンエアーを聞くと、しっかり場違いな低い声が流れてきました。こうして、目立ちたくないと思いつつも、目立ってしまっていた存在でした。

目立つ存在だと、人気者になるか、嫉妬心から嫌がらせされるかのいずれかになる場合が多いかと思います。私の場合はいずれでもありませんでした。浮いていたというわけではなく、誰とでも適当に広く浅く付き合っていたということです。なので、小学校の同じクラスで特に親しかった友だちはできなかったように思います。

## 目立つだけでは、友だちはできない

## 軽いいじめの標的に

今も昔もですが、いじめ問題もありました。みんなで無視をするとか軽いもので、次々に相手が変わっていくというものでした。暴力や金銭絡みや酷く陰湿なものではありませんでした。そういったいじめもあったのかもしれませんが、身近で見かけたことはありませんでした。

私の場合もたまたま、手にイボができたことがきっかけで、いじめの対象にされたことがありました。「イボがうつる」とやじられて無視されたのです。

たまたま遠足の時に、クラス委員をしていましたので、先生からパンフレットを配りなさいと言われてしまいました。ひとりひとりに手渡すと、次々と渡すと同時に露骨に嫌な顔をされ、パンフレットにふうーっと息をかけられたなんてこともありました。

しかしそんないじめというより仲間外れも、1～2カ月で、次の対象者へと移っていきました。私はといえば、率先していじめに加わるでもなく、なんとなく遠目に見ていたという感じでした。

やんちゃな同級生から、宿題をやってきてとか、おやつを買う金を貸してなんてこともありました。もちろん、返してくれることはありません。頻繁ではありませんでしたし、たいした金額ではありませんでしたが、今思えば、これもいじめでしたね。嫌でしたが、いじめという自覚は、あまりありませんでした。やんちゃな子たちからひどいいじめを受けないための保険のようなものでした。

今でもあるとは思いますが、一昔前には、完全に犯罪になるようなものや、陰湿ないじめもありました。それが原因で自殺したなんていうニュースがあるたびに、近くの大人が、何とかしてあげられなかったのかと思います。

中学生が不登校になったきっかけで多いのが、いじめだけでなく、広く友だち関係が多いと聞きます。

無視されるなどの軽いいじめなどの場合は、その状況を深刻に受け止めないことです。本と友だちになるなど、何かをして気を紛らわしていると、いつともなく過ぎ去っていくなんてことがあります。

ひどいいじめにあっている場合は、決して泣き寝入りせずに、勇気を出して、先生や親やいじめ相談電話、場合によっては、警察に相談してほしいと思います。いじめは、一生の心の傷になることがあります。たとえ、その後、仲直りできたとしても、そこから親友になったなんていう話は、聞いたことがありません。どうしても、つらい時は、学校に行かなくてもいいのですから。

もっとも、嫉妬心から意地悪をしてしまうような軽度の場合は、誤解が解けて仲良くなるなんてことは、ドラマではよくありますが。でも、気まずさは残りますよね。

とにかく、「いじめるのは、止めなよ！」とは言えなくても、自分はいじめに加わらないことですね。周りに合わせていくのではなく「自分」のしたいようにすることが大切だと思います。

## いじめから友情が生まれることはない

### おとなし過ぎる性格

高学年の時だったか、班編成を、好きな人同士で集まってつくってよいということがありましたが、周りがどんどんグループをつくっていくのに、行き所がなくこぼれてしまったことがありました。他にも、こぼれてしまった子がいて、結局、そうした子が集まって班を編成し、仕方ないから班長をやったことなどもありました。

私は、席は自由ですというのが苦手でした。名字のあいうえお順だとか、お誕生日順だとかにしてくれた方が、気を使わず楽でした。班編成も、その順に6人単位とかにしてくれるとよかったです。群れたがらない私には、こうした思いは、高校生まで続くことになりました。

家庭訪問や三者面談などがあると、言われることは決まって、「おとなし過ぎる、もっと積極的に」でした。授業中に積極的に手を挙げるようなこともなかったので、「あてると、ちゃんと答えるのに、自分から手を挙げることはない」などと、言われることもありました。

小学生の頃は、つくろうと思えば、休み時間や放課後や休日など、一緒に遊んだり勉強したりする友だちが、容易にできる時期だったように思います。

趣味はといえば、いろいろなものを集めるのが好きでした。切手や記念硬貨も集めていましたが、お金がかかるので、ほどほどにしていました。その他、マンガ本に感想の送り先が載っていたので、漫画家の先生に、往復はがきで感想と返信用にサインをしてほしいと書いて送って、何人かは実際にサインを返送してくれました。当時連載中のマンガの絵をかいてくれたり、中には、わざわざ色紙にサインを書いて送ってくれた先生もいたりして、嬉しかったです。また、放送局に受信報告を送るとベリカードという受信証明を送ってくれるので、それを集めたりしていました。今のようにインターネットのない時代でしたので、よく放送局の住所などを調べたなと、我ながら感心してしまいます。とにかく、ひとりで変わったものを集めるのが好きでした。もちろん、コレクション自慢をするなんてことはなく、あくまで自己満足していました。

けんかするほど仲良くなるといいますが、私の場合、けんかになる前に自分から折れてしまうので、誰とでも、広く浅くうまくやっているという感じでした。

　こうして小学校時代、自分からは積極的に、友だちづくりをしませんでした。来るもの拒まずでしたが、その場ではうまく付き合えても長続きしませんでした。自分から友だちとして継続的に付き合うように仕向けることもなかったように思います。

**友だちになろうと思わなければ友だちはできない**

## 校外活動での友だち

高学年の頃には、そろばん塾に通っていました。通うことになったきっかけは覚えていませんが、友だちと一緒に通っていたということではありません。また、同じ塾に通っていたということがきっかけで、友だちができたということもありません。

週1回ぐらいの頻度で通っていたかと思います。もっぱら、それぞれの級ごとの練習問題に取り組んでいました。塾の会場のお宅の玄関先で、おばあさんが、小さな駄菓子屋をやっていて、そこで、買い食いをするのが楽しみでした。3級まで取って、2級の練習をしている時に右手を骨折してしまい、そのことがきっかけで止めてしまいました。けがが治ったら、再開すればよかったのですが、なぜか中途半端な級で、終えてしまいました。せめて、1級とか段まで取っていれば、「そろばんをやってました」と胸を張って言えるのですが。

6年生の時に、少年野球のチーム編成があり、一応チームメンバーでした。遠投と走塁の入団テストがあり、基礎体力だけはありましたので、合格できたのです。ピッチャーのテストもありました。家では下手投げで、結構いいコントロールだったのですが、ピッチャーになりたかったたわけではなかったので、テストでは、適当に上手投げで済ませてしまいました。結局、補欠でベンチで声出ししていたというだけでした。特に、野球がやりたかったということではありません。そのため、練習にもあまり身が入らず、滑り込みの練習中に、手のつき方が悪く骨折してしまったのです。

こうしたそろばん塾や野球チームなどの校外活動も、友だちづくりには良い機会だったと思います。しかし、同じ野球チームだからといって、できた友だちもいませんでした。結局、友だちを増やしたいという気持ちもなかったので、こうした場での友だちづくりの機会もいかせなかったのです。

## 校外活動も友だちづくりの良い機会

# 第3章 中学校時代の友だち

# 「君たちはどう生きるか」

中学時代の友だちについて書かれた本に、２０１８年頃にベストセラーとなった吉野源三郎氏の『君たちはどう生きるか』があります。新潮社の日本少国民文庫全16巻の最終配本として１９３７年８月に出た本を底本として、１９８２年に岩波文庫版の初版が発行されました。その本が２０１７年に漫画版と新装版となって出版され、改めて注目されました。岩波文庫版も、２０２３年７月には第97刷が発行されています。また、２０２３年に同名タイトルのアニメーション映画が公開され、原作というわけではありませんが、再び注目されました。

人間の生き方を問う人生読本で、主人公の15歳のコペルくん（愛称）の日常のエピソードと、それに対する「おじさんのＮｏｔｅ」というメッセージからなっています。言葉遣いの容易化や改訂はされていますが、80年以上前に書かれた内容が、今なお、多くの読者の心に響いているわけです。以下に、要約してみます。

『2　勇ましき友』（29頁）は、弁当のおかずが、毎日決まって油揚げの浦川君に対するいじめの話です。いじめグループの中心にいる山口君と、「弱い者いじめはよせ！」（43頁）という北見君が、けんかになりました。コペル君は、傍観者的な立場でした。はじめは、北見君とはあまり親しくはなれませんでしたが、この一件で北見君を見直し、「今度の日曜日に僕んちに来ない？　水谷も来るんだけど。」（49頁）と誘って、その後、友だちになっていったというお話です。

『4　貧しき友』（99頁）は、学校を休んでいたお豆腐屋の浦川君のお見舞いに行き、自分との環境の違いを実感しつつも、いつもいじめられている浦川君と友だち付き合いを続けていくというお話です。

『6　雪の日の出来事』（196頁）は、学校友だちの北見君と水谷君と浦川君が上級生からリンチを受けていた時に、コペル君だけ現場に入っていくことができずに、3人と顔を合わすことができなくなったというお話です。もともと、上級生が北見君に目を付けており、何かあった場合は、コペル君と水谷君と浦川君で、一緒に立ち向かおうと約束していたのです。

『7　石段の思い出』（221頁）では、あの一件のあと、病気で学校を休んでいたコペル君ですが、思いは友だちを裏切って、ひとりで逃げてしまった後悔ばかりでした。結局、おじさんに相談し、正直な気持ちを手紙に書いて、3人に読んでもらいました。3人も分かってくれて、元通り仲良くなれました。

この本を読んで、自分の中学時代を思い出し、いじめの現場では、北見君のような振る舞いができたか考えてみました。今なら、そうすべきだとは思うのですが、コペル君のように傍観者になって、外側で見ているだけだったかと思います。ただし、コペル君のように、勇気をもって正しいことをした北見君に声をかけるようなことはしなかったでしょうね。いじめられている浦川君とも、避けることはありませんが、友だち付き合いはしなかったと思います。どうしても自分もいじめられるようになるかもしれないと思い、あえて近づかなかったでしょう。私の場合は、そもそも、自分から、友だちをつくりに行くというタイプではありませんでしたから。

## いい人たちと、友だちでいる

### 広がった身近な集団

中学校に入ると、2つの小学校の卒業生が合流する形となりました。

このように集団の輪が広がると、それだけ新たに友だちになる機会も増えることになります。はじめは、同じ小学校の卒業生同士で固まってしまいがちですが、徐々に他校から来た人とも話をしたり、仲良くなるようになります。

私の場合は、相変わらず、話しかけられれば、気軽に応じていましたが、自分から他校から来た生徒と、積極的に交流することはありませんでした。あくまで、けんかするでもなく、自然に接していました。ですから、中学卒業まで、新たに親しくなった人もあまりいなかったように記憶しています。

ただし、自分から、全く知らない人に働きかけたこともあります。その頃は、「中学○年生」などの学年誌などの巻末に、ペンパル（文通）相手募集などのコーナーがあり、今では考えられませんが、住所・氏名が載っていたのです。完全なる個人情報を公開していたわけです。

そこで、新潟・佐渡島在住の同級生の女の子に手紙を書いたのです。相手からも返事があり、月に1回ほどのペースで、約1年間ほど、文通を続けました。お互いに写真の交換などもしたり、カセットに声を吹き込んで送ったりもしましたが、結局、書くネタもなくなり、私の方から、終了宣言してしまいました。

この頃になると色気も出てきて、小学校の頃から気になっていた女の子に、手紙を書いたり電話をしたりするなんてこともありました。残念ながら、片想いで実ることはありませんでした。その子が、他の女子に話してしまい、教室でからかわれたなんてこともありました。もちろん、完全無視していました。

友だちということではありませんでしたが、このように、自分から動かなければ、見ず知らずの人と知り合うことはありませんでした。誰も声をかけてくれない、友だちになってくれないという悩みは、自分勝手なものです。そもそも、自分が変わらなければ、人は変わってくれませんし、相手は応じてはくれません。

もし、本当にこの人ともっと話がしたいと思ったら、待っていないで、自ら声をかけることから始めなければ、友だちはできないと思います。その際、断られても気にしないことが大切です。

## 自分から動かなければ、何も始まらない

### 部活動での友だち

部活動も友だちができる絶好の機会だったと思います。中学校では、陸上部と計算尺部に所属していました。当時は、サッカー部や、野球部、バスケットボール部などが人気でした。私の場合は、グループ競技は、どうしてもチームメイトに気を使ってしまうので苦手でした。ですから、個人の努力でどうにでもなる陸上部に入ったのです。

足は速く、小学校6年生の運動会の学年別対抗リレーで、花形のアンカーを務めた

こともありました。100メートルなどの短距離走や砲丸投げ、走り幅跳び、400メートルの三種競技Bなどが専門で、地域の大会に出て入賞したことなどもありました。残念ながら、全国大会に出るまでのレベルではありませんでした。

砲丸投げでは、1センチ差で負けたことが、2回ありました。1回は1位と1センチ差で、1位は新聞に名前が載り2位は載りませんでしたので、悔しい思いをしました。「2位じゃダメなんですか？」なんて言った国会議員がいましたが、1位と2位では雲泥の差があるのです。もう1回は、三種競技Bの中でした。こちらは、順位には影響しませんでしたが、とにかく、練習が足りなかったのですね。

陸上部はマイナーな部で、男の同級生部員はただひとりでした。全員でランニングなどの基礎練習などをすることもなく、彼は長距離でしたので、一緒に練習することはあまりありませんでした。もちろん、大会時は互いに応援の声をかけあっていました。

計算尺（ものさし型の計算器具）部は、中学3年の時に所属した部で、これも超マイナーな部でした。同級生はおらず、下級生が3人ほどしかいない部でした。ひたすら、検定試験用ドリルの問題を解いていました。

どうも、人気のない部ばかりを選んでいたようで、下級生に対し、先輩風を吹かすこともなく、かといって、積極的に話しかけて、和やかな雰囲気づくりなんてこともありませんでした。

部活動などの同級生は友だちとしてその後も、続くことが多いと思います。陸上部の同級生とは、高校も別々で、その後連絡を取り合って会うことはありませんでした。たまたま、高校の県大会で彼を見かけて、言葉を交わしたことはありました。また、社会人になって帰省した時に、実家近くの停留所でバスを待っていると、偶然に通りかかった彼が、車から声をかけてくれたことが数少ない再会でした。

## 環境が変われば、友だちも離れていく

# 広く浅くの付き合い

　このように、小学校と同じく相変わらず、誰とでも広く浅く付き合っていました。学習遅れの特別支援学級にいた同級生とも話を合わせて、冗談を言い合ったりしていました。不良グループと見なされていた同級生とも、いじめられることなく、かといって、一緒に悪さをするでもなく、適当に話を合わせていました。小学生の頃のように、宿題をやらされることもなく、お小遣いをせびられることもありませんでした。また、まじめな子たちとも話を合わせていましたので、みんなからは、不思議がられていました。

　そんな私でしたが、らしくない思い出もあります。それは、若い女性の担任の先生で、教室が騒がしく静まらなかった時に、大声で「うるさい」と叫んで、一瞬で静かにさせたことが何度かありました。きっと、普段、物静かだった私が突然大声を出して、みんなびっくりしたのでしょうね。静かにさせることができない先生に、いら立ちを覚えたのでしょうか。決して、目立ちたかったからではないと思います。

中学3年生になると、2人の友だちができ、一緒に図書館に行って勉強したりしていました。最後の春休みには、私が切符の手配をして、東京の大きなコンサート会場に海外のロックグループの初来日コンサートに行ったりもしました。大音響でよく聞こえましたが、最後列でしたのでほとんど見えませんでした。外国人のコンサートは、生まれて初めての経験でしたので楽しめました。

でも、高校は別々だったので、それっきり、ぱったり、2人との付き合いはなくなってしまいました。そもそも、親しくなったきっかけは覚えていませんが、私からではなく、相手から、声をかけてもらったんだと思います。まじめな成績の良い人たちからは、向こうから話しかけられることが多かったように思います。

中学時代の友だちは、生まれ育った環境も一緒で、クラブ活動など同じ経験を積むなどしていると、長い付き合いになることもあるかと思います。

ただ私の場合、小学校の時と変わらず、誰にでもいい顔をし、誰とも深い付き合いをしませんでした。その後も長い付き合いとなるように連絡を取り合うなんてこともしませんでした。

同窓会で当時を懐かしみ、その後連絡し合うなんてこともあるかと思いますが、中学校の同窓会は、そもそも案内もなく行ったことはありません。高校は、ただひとり、学区外に行ってしまいましたので、日常的に顔を合わせることもありません。あえて、連絡し合うこともありませんでしたので、同窓会が開かれているのかさえ知りませんでした。

## 短い間の友だち付き合いもあり

## 「友だち幻想」

社会学者の菅野仁さんの著書『友だち幻想』（筑摩書房2008）の中に、「同調圧力」という言葉が出てきます。いつも一緒に行動していなきゃいけない雰囲気のことです。仲良しグループの間では、メールなどには、直ぐに返事をしなければならない、たまに一緒の行動をしないと「最近、冷たい」と言われるなどの圧力がかかるというのです。特に女子の仲良しグループに多いと思います。

中には、双子のようにいつもべったりとした関係もあるようです。友だちと連絡を取っていないと不安を感じる人も多いようです。友だちだと思っていた人たちが自分をはずしてグループをつくっていたなんていう「仲間はずれ恐怖」もあるそうです。

私が中高生の時には、スマホも携帯電話もありませんでしたので、友だちと常につながっているという状況はありませんでした。そもそも。こうした仲良しグループには入っていませんでした。

小学校時代から、「みんな仲良く」と言われ続けてきた結果、人と違うことや気に入らないことがあると、「ムカツク」とか「うざい」とか「ＫＹ（空気が読めない）」などからはじまり、仲間外れ、いじめなどにつながっていくケースもあるようです。

一生付き合える友だちが欲しい、友だちが大切、でも友だちとの関係を重苦しく感じてしまうこともあるようです。友人がうまくできない、人との距離感が分からない、接したいけど接したくない、親友に冷たくされてつらいなどの悩みを抱える人も多いようです。親友といえども、本当に信用することはできないと考えたり、議論を交わす仲や、意見が合わないと納得いくまで話すような友だちは減っているようです。こうしたことから、友人と深く関わろうとせず、互いに傷つけあわずに円満にやり過ごすことに重きを置く友人関係が多くなっているような気がします。

中学生になると、どこかに一緒に出かけたい人や、気兼ねなく話せる人と、友だちになるような気がします。もちろん、友だちにも話せない悩みもあるとは思います。友だちを理想のイメージでとらえている人も多いように思います。また、友だちが少ないと性格などに問題のある人のように思われてしまうという恐れも多いと思います。

私の場合、みんなと一緒にいたいというより、みんなと離れてひとりでいたいと思っていました。ひとりが寂しいなどと思ったことはなかったと思います。むしろ、人とつながりたいと思わなければ、ひとりは自由で気楽なものだと考えていました。ユダヤ教の教えに「10人にひとりは必ずあなたを嫌う、２人はあなたに好意を持つ、残りの７人はどちらでもない」というのがあるそうです。好意を持ってくれている２人が、たまに話し相手になってくれれば十分でした。

## 重苦しい友だち関係はいらない

# 第4章 高校時代の友だち

## ゼロからのスタート

当時、私の出身地である山梨県は学区制があり、学区内の高校に行くと、必ず同じ中学校出身者が少なからずいました。しかし、私の場合はあえて、学区外の甲府地区の4つの高校からなる総合選抜を受験し、そのうち、一番遠い高校に割り振られてしまいました。しかも、私が入学した甲府東高等学校は新設校で、先輩もいない第一期生でした。

高校に入ると、最初は、同じ中学の出身者同士で固まることが多いと思います。私の場合、同じ中学校出身者はいませんでしたし、自分から声をかけるタイプでもなかったので、なかなか友だちはできませんでした。

4月が誕生日でしたので、直ぐにバイクの免許を取って、バイクで駅まで行き、電車で通っていました。実は、バイクで駅まで通っていることは、学校には内緒でした。ところが、6月頃だったか事故を起こしてしまい、足の骨にひびが入って数日間学校を休みました。担任の先生には、正直にバイク事故の話をしましたが、やさしい先生で、停学などの処分にはなりませんでした。その後も3年生になるまで、駅までバイク通学は続けていました。

　電車の本数が少なかったので、だいたい乗る電車は決まっていました。たまたま、同じ電車で通う学区外からの同じ境遇の2人から声をかけられ、少なくとも通学中に話す程度の友だちはできました。

　ひとりは、卒業後数年間は、年賀状のやり取りがあり、互いに東京に出てきているということで、一度だけ、彼のマンションを訪ねた覚えがあります。年賀状のやり取りも、10年ほどで終わってしまいました。もうひとりは、卒業後は、全く疎遠になってしまいました。

大学卒業後、山梨県職員になった同級生が何人かいました。私の兄が山梨県職員でしたので、たまたま同じ職場になった人から、「お兄さんですか？　東高の同級生でした」と言われたことがあると聞きました。また、兄が私の出身校の甲府東高校の事務職員として働いていた時に、元同級生が体育の先生として赴任していました。私の父親の葬儀の時に、手伝いに来てくれて、「久しぶり、今日はありがとう！」と言葉を交わしたこともあります。

もちろん、顔と名前は覚えていましたが、だからといって、どうすることもありませんでした。こうしたことがきっかけで、久しぶりに連絡を取り合って、友だち付き合いに発展するなんてこともあるとは思いますが、私の場合には、そのようなことはありませんでした。

## 友だちでい続けるには、何かが必要

## なかなかできなかった友だち

入学して最初のクラスの席順は、名字のあいうえお順で、男子の列の横に女子の列でした。前後の人とは、もちろん必要があれば、話すことはありましたが、特別親しくはなれませんでした。実は、父の葬儀の時に手伝いに来てくれた元同級生というのは、この時、私の前の席に座っていた彼でした。

他の同じクラスになった人はどうかというと、話しかけられれば応じるけれども、やはり、自分から積極的に話しかけるということはありませんでした。住んでいる地域も違っていたので、遊びに行くなんてこともめったにありません。

2年生から3年生になる際に、理科系のコースから文科系のコースに変更しました。それでクラスのメンバーがガラッと変わったことも、なかなか友だちができなかった原因の一つであったかもしれません。

たまたま音楽の趣味が同じで、レコードを聞かせてもらいに行ったことがあるくらいでしょうか。海外のプログレッシブ・ロック・バンドの初期のアルバムを、家が振動するくらいの大音響で聞かせてもらったことがいい思い出です。ところが、その後、親しく友だち付き合いに発展したかというと、そうでもありませんでした。

また、それほど親しくない同じクラスの人に、数学の指定問題集の回答をびっしり書いた私のノートを「貸してほしい」と頼まれ、断る理由もなかったので貸した覚えがあります。これもその後、友だちになったという記憶はありません。ギブ&テイクがなかったというか、特に気が合うということもなく、一方的に頼まれただけで、継続的に話しかけてくれたなんてこともありませんでしたからね。

高校1年の時、最初は、中学校の時の経験をもとに、各委員や生徒会委員が選ばれていました。私は中学校の時に、図書委員をやっていた関係で、図書委員に選ばれました。各クラスから男女1名ずつでしたが、あまり委員会に出なかったので、同じクラスの女子委員の子からは、あきれられていました。

もう少し、積極的に委員会活動などもしていれば、他のクラスの子たちとも、知り合いになれたのでしょうが、ここでも、消極的な性格が出てしまいました。

## 同じクラスだけでは、友だちになれない

### 友だちがいないことによる影響

高校時代つらかったのは、修学旅行でした。別にひとりでいることは苦ではありま

せんでしたが、問題はバスでした。バスは自由席だとか言われても、誰の隣に座っていいのか分からなかったので、早めに乗って、まず窓側の席に座って、誰かが隣に座ってくれるのを待っていました。でも、なかなか座ってくれないんですよね。また、自由行動と言われても、みんなが友だち同士で連れ添っているのに対し、誘ってくれる人がいた場合はついていきましたが、ひとりでぶらぶらしていると、周りからは「変わってるね」と思われていたと思います。

クラスでも、あまり周りの人たちとおしゃべりなどをせずに、ひとりでいました。クラスのような固定的な集団においては、いつもひとりでいると目立ってしまうようです。幸い、「いつもひとり」だとか「ボッチ」だとか、直接言われることはありませんでした。私の知らない所では、言われていたのかもしれません。

高校のクラブ活動は、中学生から引き続き、陸上部に入りました。しかし、新設校なので、同級生部員はいましたが先輩はおらず、顧問の先生も名ばかりでコーチもいませんでした。練習も個人個人で、自然とサボりがちで、あまり練習にも出ませんでした。ですから、大会に出ても、全て予選落ちでした。もっとも、本物のやりを一度も持ったことがないのにやり投げに出たり、三段跳びに出て、後輩の女子の前で、砂場まで届きそうにないので三段目で失敗したふりをしたりかなりいい加減でした。当然、同じ部の同級生とも特に親しくなることもなく、ますます練習に出ることも少なくなっていってしまいました。

一般的には、高校時代の親しい友だちは、その後も継続的に付き合う友だちとなることも多いかと思います。同じクラスだったり、同じクラブだったり、学園祭や旅行がきっかけで仲良くなったり。

私の場合は、友だちゼロからのスタートで、電車の時間があるので、放課後、友だちと過ごすなんてこともありませんでした。そもそも悩み事などを聞いてくれる友だちや、嬉しい時・悲しい時・不安な時などに話のできる友だちが、欲しいとは思っていませんでした。気を使うし、本音は言いにくいし、嘘もつけないし、結局ひとりが落ち着くと思っていました。ですから、相変わらず、積極的に友だちづくりをしませんでした。それに、友だちがいないからといって、寂しいとか、孤独だとも思っていませんでした。

## 欲しいと思わなければ、友だちはできない

### 連絡先を知っているということ

なぜか、当時それほど親しくなかった人で、数十年間、年賀状のやり取りだけをしていた方はいます。多分この方は、多くの同級生に年賀状を出しているのではないかと思われます。お互い、東京に出てきていても、一度もお会いすることもありませんでした。

考えてみれば、年賀状を通して近況を知らせ合ったり、連絡をしようと思えばいつでも連絡できるというのも、友だちと言えますよね。頻繁にリアルに会うことが、友だちの条件ではありませんから。

ただし、今のように、現実に会っていてもろくに話したこともない人と、ＳＮＳでＩＤを交換しただけのような人を、友だちと言えるかというと、いささか疑問です。

友だちもいないような状態でしたから、当然、彼女なんてできるはずもありません。ですが、1年の時に駅で見かけてから、ずっと好きだった子はいました。3年生の時に同じクラスになれたのが、とても嬉しかったです。

ですが、お話ししたこともなければ、朝の挨拶もしたことがありません。体育祭の時だったか、バレーボールの対戦でメンバーに入った時に、彼女が「上田っていう人、頑張って！」と言ってくれたことを、今でも思い出します。「上田君、頑張って！」でないところが、彼女との距離感を表しています。

結局、卒業まで告白することは、できませんでしたが、卒業式後に、当時はＳＮＳ

なんてありませんでしたから、告白の手紙を書きました。返事はありましたが、実ることはありませんでした。そして、彼女は、看護学校に行って、看護師さんになったのだと思います。

高校の同窓会は、案内は何度かありましたが、一度も行ったことはありません。そもそも、アルコールは体質的に飲めませんので、アルコールが充満した会場は苦手です。また、知り合いが少なく、友だちだった同級生が来ているとも限りません。話し上手でもありませんので、初対面の人と話すこともできません。

同窓会に出て、当時を懐かしんだり、その時の境遇が一緒だったり、お仕事上の関連があったりで、連絡を取り合うようになって、生涯の友だちになるなんてことも、あるのでしょうね。私の場合は、そのような機会さえ、避けてしまったようです。

今は、個人情報保護法に対する過剰対応や、セールスに使われることが多いため、住所や電話番号、勤務先などを掲載した卒業生名簿は、発行されなくなりました。私が持っているのは、卒業後10年目の名簿です。

眺めてみると、みんなどんな進路に行ったのかなどが分かり、懐かしくなります。

もちろん、セールスの電話がかかってきたことはありましたが、私から、元同級生に連絡を取ってみるなんてことはありませんでした。

## つながりは、友だちの最低条件

# 第5章

# 予備校・大学時代の友だち

## 受験勉強に専念

高校時代、入学してからあまり勉強せず、成績はどんどん下がってしまいました。学校の個人ロッカーに教科書は置きっぱなしで、カバンには、お弁当と宿題関連の本が入っているだけでした。受験勉強もあまりしなかったために、現役の大学受験は全て失敗してしまいました。勉強の計画を立てるのは好きでしたが、計画を立てたので満足してしまい、実際にそれを実行できなかったのです。でも大学には進みたかったので、親に頼んで浪人させてもらいました。ちゃんと勉強していれば、1年を無駄にせずに済んだのに、親にも申し訳ないことをしてしまいました。

実は受験時期には、既に兄が以前住んでいた東京・吉祥寺の下宿先に住み始めて、そこから受験会場に行ったり、高校の卒業式に帰省していました。その下宿先というのが、とにかく格安で、受験の度にホテルに泊まるよりも安上がりということで、早々に越してしまったのです。ところが、受験した大学全てに落ちてしまったので、そのまま東京で浪人させてほしいと父親に頼んで、東京で池袋の予備校に通わせてもらったのです。

予備校では、同じ高校出身者は見当たらず、またも、知り合いゼロからのスタートとなりました。あくまで、受験勉強が目的でしたので、友だちづくりなど、あまり意識していませんでした。


たまたま、いつも同じような席に座っていると、なんとなく顔なじみになり、気が合いそうなので、声をかけてみるなんていうパターンでしょうか。私の場合も、声をかけてくれた人がいて、隣に座ることも多く、一緒に、食堂に行ったりなんてこともありました。

もちろん、受験生でしたから、一緒に遊びに行くなんてことは、ありませんでした。

たまたま、夏休みの帰省のために、代わりに書類を受け取って送ってもらった関係で住所を教えていました。互いに大学に入ってから会うことはありませんでしたが、年賀状をくれたのがきっかけで、年賀状交換だけは、十数年ほど続きました。ですから、彼が大学卒業後、地元で教師になって、結婚して3人の娘さんのお父さんになったなんて近況だけは知っていました。

小中高時代の友人と会うなんてことは、全くありませんでした。高校時代の同級生の2～3人と年賀状の交換を続けていたことくらいです。

予備校時代は、あくまで受験が目的で1年という限られた期間なので、よっぽどのことがない限り、新たな友だちはできにくいと思います。ひとりだけ、その後の年賀状のやり取りだけでしたが、少なくとも友だちができたことで、孤独な浪人生活にならずに済みました。

## 年賀状のやり取りも、友だちならでは

## 大学入学で、またもリセット

一浪して、何とか東京都立大学の経済学部に入学することができました。東京に出てきて直ぐに、住民票を移していたので、1年以上都民だということで、入学金は免除となりました。また、特別奨学金ももらえることになって、下宿先も吉祥寺という人気エリアでありながら、引き続き風呂なしトイレ・キッチン共同の安い物件に住んでいたので、親の仕送りも、それほど多くはなくて大学生生活を過ごせました。

とは言え、都立大学の発表前に、滑り止めの私立大学に合格しており、その入学金の納付期限があったので、捨て金となってしまいました。合格していなければ、それはそれで不安でしたが、申し訳なかったです。

都立大学は、小さな大学で1学年1学部百数十名くらいしかいませんでした。また も、同級生に入学前からの知り合いはいなかったので、友だちゼロからの出発でした。

語学クラスを除き、クラスというものがないので、友人ができにくい環境です。毎年、先輩が語学クラスごとに、オリエンテーションを開催して、知り合う機会をつくってくれていたようです。ですが、なんとなくこれに参加しなかったために、初めての語学クラスでは、みんな既に知り合っていて、そこここで会話がある中で、はじめは、ひとりぼっちでした。

語学クラス以外は、ほとんどが選択科目なので、授業ごとに部屋を移動するというスタイルで、席も自由席なのでひとり気ままな学生生活でした。オリエンテーションに出ていれば、どの科目が取りやすいとか、そういった情報も得られたと思います。また、友人もつくりやすかったのに、せっかくの機会を逃してしまったと悔やまれました。

語学クラスと言えば、高校の時の数学のノートの一件と同様に、私のドイツ語の教科書の翻訳をびっしり書いたノートを貸してほしいという人がいて、そのノートのコピーが、出回ったなんてことがありました。これも、それで、親しくなったり友だちになったりということはありませんでした。後日談ですが、私はその科目を落としてしまい、翌年、もう一度受講することになってしまいました。ノートをつくったことで、安心してしまい、肝心のテスト前に、しっかり勉強しなかったのが原因でした。

あと、４年生の時に在籍していたゼミには４人の同級生がいましたが、この人たちとも、特に親しくなるわけでもありませんでした。ただし、ひとりは、新大久保でアパートやマンションを持っている家の子でしたので、大学卒業後のアパートを紹介してもらい、その後、長い間、年賀状交換だけはしていました。彼は、別の大学の大学院に進んで、北海道の大学の先生になったようでしたが、卒業後、一度も会うことはありませんでした。

## 友だちづくりの機会は、活用すべき

## やめてしまった部活動

大学では、サークルなどに入ると、サークルの部室などが、大学における居場所となるケースが多いかと思います。私の場合は、入学して直ぐに、柔道部に入部しました。

高校の体育の授業で、何度か経験したことがあるくらいで、段や級を持っているわけでもありませんでした。ただ、掲示板にあった柔道部の入部案内が、女性アイドルのMSの写真に「あなたも柔道部に入部しない！」と書き添えられたもので、軟派な感じでそれほど厳しくないのかと勘違いし入部しやすそうだと思ったのです。

柔道着を持っていきなりひとりで「入部させてください」と、部室を訪れました。白帯でしたが、柔道着を持って入ってきたということで、歓迎してくれました。

同級生の新入部員は、私のほかに4名で、いずれも経験者で段持ちの黒帯でした。

練習は、ランニングや畳の上での稽古できつかったことを覚えています。練習後は、先輩がおごってくれて、飲みに行くというパターンでした。私は、お酒が弱く、直ぐに真っ赤になってしまい、こちらでも苦しい思いをしました。

新入生歓迎コンパでは、早々につぶされて、部室に担ぎ込まれました。当時は、こうしたことは、当たり前でしたが、今では、問題になってしまいますよね。

夏の合宿も終えた頃、膝を壊し水が溜まってしまい、松葉杖生活となってしまいました。治ったと思う状態になっても、どうしても、膝をかばってしまうようになってしまいました。これが繰り返し癖になるのは嫌だと思い、部長にお手紙を書き、半年でやめてしまいました。白帯のままで、一方的なやめ方で、後味の悪いやめ方となってしまい、その後、同級生や先輩方と合わす顔がありませんでした。

せっかくの同期入部の人たちなどと友だちになれるチャンスでしたが、またも、逃げる形となってしまいました。ただし、法学部の人とは、履修科目が近いこともあり、その後も学内で、顔を合わせることもあり、年賀状のやり取りだけは、十数年間続けて頂きました。

## 逃げたら、友だちも失う

### やっとできた友だち

その後は、別なサークルに入ることもなく、居場所もなく、相変わらず、ひとりでブラブラとしていました。

周りを見回すと、同じように、どのサークルに入ることもなく、たまたま、語学クラスなどが一緒の人で、なんとなく、お話しする友人ができました。話してみると、本や映画や音楽が好きで、音楽の好みもロックが好きということで気が合い、一緒に行動していました。

もちろん、この頃になると、自分とは全くタイプの異なる人とも、仲良くはなれるとは思いますが、趣味や嗜好が似ている方が、友だちになりやすいことだけは確かです。たまに、私の下宿に遊びに来てくれて、私の映画のパンフレットなどを読んだりしていました。性格も似ていたのか、言葉少なくても平気で、一緒にいて疲れませんでした。いつも一緒にいるというよりも、たまに会うくらいで、私には、ちょうどよい関係でした。

映画や海外のロック・バンドのコンサートに一緒に行ったりもしました。

就職活動時には、何のサークルにも入っていないと不利かと思い、「ＢＣＭ研究会」という架空のサークルに入っていたことにして、私がリーダー、彼がサブ・リーダーということにしようなどと口裏を合わせたこともありました。ちなみに、ＢはＢｏｏｋ、ＣはＣｉｎｅｍａ、ＭはＭｕｓｉｃの頭文字です。架空とはいえ、その話題で、一緒にいることが多かったので、まんざら嘘ではありませんでした。

　卒業後、お互いに就職してから、彼が会社の研修で東京に出てきている時に、1週間ほど、当時住んでいた新大久保のアパートに泊めてあげたこともありました。その後の十数年間は、年賀状の交換だけは続いていましたが、自然と年賀状のやり取りも、終わってしまいました。

## 好みや性格が似ていると、友だちになりやすい

## アルバイト先での友だち

大学時代の、もう一つの友だちができる可能性がある場として、アルバイト先があります。比較的長期のものとしては、自分自身は飲めないくせに、半年くらい居酒屋でバイトをしていました。まかないのご飯が美味しかったのを覚えています。宴会の片づけで、手のつけられていない残り物を、隠れて口にしたなんてこともありました。バイト終わりの夜10時過ぎに食べていましたから、ちょっと太ってしまいましたが。

2～3人の同じ年頃のアルバイトのなかで、ひとり気の合う人がいました。一度、下宿に遊びに来てくれたことがありました。たまたま、下宿先の隣の部屋の人と、偶然廊下で会って、同じ大学の同級生で、びっくりなんてことがありました。

その彼とは、バイトが終わると、連絡先の交換もなく、それっきりとなってしまいました。もちろん、他のアルバイト仲間とも、友だち付き合いに発展なんてことはありませんでした。

その他にも短期のアルバイトをいくつかしましたが、こちらから他の仲間に話しかけることもなく、ましてや、連絡先交換なんてこともありませんでしたので、友だちはできませんでした。

こうして、大学時代も、その場その場では、仲良くする友人らしき人は、少ないながらもできましたが、生涯の友となるような友だちはなかなかできませんでした。やはり、ひとりで気ままに過ごすことの方が、性に合っていたようです。

## 同じアルバイト先だけでは、友だちになれない

## 言葉のキャッチボールができない

下宿先の大家さんから、カナダ旅行に行ってきたのでということで、お土産を頂いたことがありました。その時は、ただ「どうもありがとうございます」とだけ言って会話が終わってしまいました。

今なら、「どのくらい行かれていたんですか?」とか「スキーに行かれていたんですか」などと言えたと思います。なぜあの時、会話ができなかったのかと、今でも思い出します。せっかくお土産を買ってきてくださったのに、ずいぶん、ぶっきらぼうに受け取ってしまったと悔やまれます。

こうしたことは、日常的にありました。言葉のキャッチボールが、なかなかうまくできなかったのです。今でもその傾向はありますが、いつも聞き役になってしまい、うまく返せなかったのです。返す言葉が思い浮かばなければ、相づちを打つだけでも、互いに心地良い会話になったと思います。

本当は、人の話を聞くことが好きではないのかもしれません。一方的に、興味のない話を聞かされるのは、苦痛でしかありません。それを、遮るように、言葉をさしはさむこともできなかったのです。

同じ話を何度もする方もいます。そんな時は「それ、この間も言ってましたよね」と軽く言えれば良いのですが、なかなかそれも言えません。

言葉のキャッチボールができなければ、友だちになれないとは思えません。言葉少なくても、お互いに気持ち良く意思疎通できることが、友だちとしては重要だと思います。

## 会話の相性も、友だちの条件

# 第6章 社会人時代の友だち

# 苦労しなかった就職活動

私の頃の就職活動時期は、新卒採用も多く、あまり苦労しませんでした。特にＩＴ業界はどこも採用枠が大きい時期でした。ＩＴ業界を中心としていたために、結局３社から内定をもらい、第一希望の当時人気の高かった外資系のＩ社に入ることができました。

とにかく、同期の新入社員が、その年は１６００人もいましたから、同期というだけでは、名前を覚えることはできませんし、友だちにはなれませんでした。たぶん、同じ大学から入社した人もいたと思いますが、知り合いではなかったので、探すなんてこともしませんでした。

１年間超の新入社員研修があり、合宿も厳しく、苦労したことは覚えています。厳しい研修を一緒に乗り越えた仲間と、その後も連絡を取り合ってなんてことは、周りではあったのでしょうが、私の場合は、いつもその場限りでした。

ただし、近い配属の同期とは、同じ研修になることも多く、職場でのＯＪＴの際も近くにいたので、仲良くなりました。休みの日には、誘ってもらい、遊びに行くなんてこともありました。

しかしながら、自分から企画して声をかけるなんてことはしませんでした。車で出かけることが多かったのですが、私自身は、免許は持っていたのですが、ペーパードライバーで、車の運転ができなかったので、いつも乗せてもらうばかりで、そのうち、だんだんと誘われなくなってしまいました。

配属先のビルが異なってきたり、私自身の所属が、全然別の部署になったりと、物理的に離れてくると、ますます、同期と会う機会も減っていきました。正直、お酒が弱いこともあり、同期と飲みに行ったり、遊びに行ったりということが、あまり楽しく思えませんでした。

## 同期というだけでは、友だちになれない

### 憧れの外資系企業で働く

仕事の方は、約1年3カ月の研修期間中は、本社のシステム・エンジニアリング部門所属となっていましたが、研修後の配属は特約店向けの研修部門でした。そこで、特約店の新人向けの研修の講師などをやっていました。コンピュータ入門コースや販売物流業務パッケージの研修コースなどを担当していました。

研修期間中から、人前でプレゼンテーションを行う練習がありましたが、私は人前で話すことが苦手でした。最初は汗びっしょりになってしまい、後半にやっと落ち着

いて話せるといった具合でした。それが、研修の講師ですから大変です。言葉に詰まってしまうようなことはありませんでしたが、汗を拭きながらの講義は、なかなか治りませんでした。その後、異動になったり、転職してからも、人前で話すことは度々ありましたが、この時期に鍛えられたことが役に立ちました。

この頃、先輩から「あなたのようなおとなしい人は、うちの会社には向かないね」と言われたことがあります。研修や実際のお仕事を通じて、自己表現能力は、ある程度高まったと思いますが、積極的に自己アピールをしない生来の性格はなかなか変わらなかったようです。

約2年後には、流通システム事業部に異動となりました。主に消費財製造業・卸売業のインダストリー・スペシャリストとして、業界向けのマーケティング・プランの立案・実施や、個別案件などでの営業支援活動への参画などを行っていました。

その約10年後には、ネットワーク・サービス事業部に異動となりました。あるネットワーク・サービスを運用するセンターの全体管理を行っていました。

職場では、周りは日本人ばかりでしたが、外資系のためか、英語のビジネス用語まじりの会話や、アルファベット略語などが飛び交っていました。社内用語集なる手帳サイズの本もありました。ただし、お客様からは、社内用語は評判が悪かったので、この用語集もなくなりました。中には、ＦＹＩのように、一般ビジネス用語として使われるものもありましたが、社内でしか使われないようなものもありました。

ちなみに、ＦＹＩは、Ｆｏｒ Ｙｏｕｒ Ｉｎｆｏｒｍａｔｉｏｎの略で、「ご参考までに」という意味で、共有したいメールなどを転送したりする場合によく使いました。私は、英語が得意ではなかったので、こうした英語のビジネス用語やアルファベット略語には、なかなか慣れませんでした。

社内特有の用語の例としては、今では使われることはなくなりましたが、一般的にフロッピー・ディスクと呼ばれているものを、社内ではディスケットと呼んでいました。

社風で良かったことは、社内では、誰に対しても「○○さん」と呼び合っていたことです。社長であろうが、部長であろうが、後輩であろうが、誰でも「○○さん」でしたので楽でした。このため、後に転職して、別の職場に行っても、この癖はなかなか抜けませんでした。

社会人になって、新大久保のアパートに引っ越しましたが、周りにラブホテルが多く、風呂なしでした。銭湯に行く際に、客引きの女性や男性に声をかけられたり、銭湯では、刺青の方がいたりと、環境は良くありませんでした。それで、半年で、池袋の椎名町の風呂付のワンルームマンションに引っ越しました。そこでは、なぜか、よく金縛りにあった記憶があります。近くにお墓があるせいかなどとも考えましたが、単に仕事に疲れていたストレスのせいなのでしょうね。

**○○さん呼びは、フレンドリー**

## 飲み会は苦手

社会人になると、お酒を飲みに行く機会が増えます。最近は、会社で若い社員を誘っても、ついてこないことが多いなんてこともよく聞きます。今でこそ、先輩に飲みに誘われて断ることもできますが、当時は、絶対に行かなければならない雰囲気で、お酒が飲めないという事も許されませんでした。先輩となら、ご馳走していただける場合もありましたが、同期の場合は、そうはいきません。お金を払って苦しい思いをすることは、正直やりきれませんでした。

最近では職場における飲みニケーションの頻度や重要性も変わってきています。特にコロナ禍で、外食ができなくなってからは、飲みニケーションは不要という雰囲気にさえなりました。どうしてもやりたい場合は、オンライン飲み会などと言って、オンライン・ミーティング・ツールを利用した飲み会などが開かれるようになりました。そこでは、何を飲んでいようと自由なので気楽にはなりましたが、やはり参加するのは好きではありませんでした。

仕事先の方などから、「今度飲みにでも行きましょう」と、お付き合いで言われることがあります。この場合はさすがに「私飲めないのでご免なさい」などと無粋なことは言いません。とりあえず「そうですね是非」などと応えると思います。でもその後、誘われたためしもなければ、こちらから誘うこともないんですが。

また、アルコール・ハラスメントといった言葉も出てきて、やっと正々堂々と、「お酒は飲めないので、ノンアルコールのソフト・ドリンクにします」と言えるようになりました。やはり、お酒を飲めないと、お酒の席に誘われることも少なくなり、飲み友だちには基本的にはなれませんね。

話し好きで、楽しい人柄であれば、今ではノンアルコール飲料もありますし、飲めなくても、誘ってもらったり、こちらから参加することもあるのでしょうが。私の場合、話し上手ではなく、どちらかというと聞き役になることが多いので、飲み友だちにはなれませんでした。

仕事の外出先で、ちょっと時間が空いたので、喫茶店で、男同士でパフェを食べたなんてこともありましたが、当時は珍しかったですね。今なら、スイーツ好きなおじさんもありですが、私にとっては、良い時代になりました。飲み友だちならぬ、スイーツ友だちなら大歓迎なんですけれど。

## お酒が飲めないと、あまり誘われない

## テンションの高すぎる人は苦手

テンションの高すぎる人は、だいたいにおいて、飲み会やカラオケの席で、人に盛り上がることを強要する場合が多いと思います。私自身が、物静かな性格のせいか、こうした行いは苦手です。たとえ、強要してこないとしても、テンションの高すぎる人の、飲み会やカラオケでの振る舞いは、好きではありません。うるさいし、カラオケで合いの手を求めてきたり、騒々しいだけです。この点は、そういった雰囲気が、好きだという人もいるかと思いますので、人それぞれですが。

そもそも、私は飲み会や大勢でのカラオケ自体が好きではありません。お酒が飲めないし、立食の場合は壁の花になりがちです。大皿料理は、気を使うから苦手で、取り分けられている方が、ひとりで好きに食べられるので好きです。

そんな中で、かろうじて私の好きなペースで参加しているのに、「静かだねぇ」とか「盛り上がってないねぇ」など言われると、言い方にもよりますが、人格否定されているようで気分良くはありません。こういう方も苦手で、近づかないようにしています。元気過ぎて、久しぶりの再会時に感情が高ぶってハイタッチしてくるような方は、友だちとしては苦手です。

大阪に出張に行って夜の飲み会に行った際も、大盛り上がりの中、標準語でおとなしく応えていると「おまえ、おかまかぁ」と、バカにされたことがありました。飲みに行くなら、気の合う人と、静かに落ち着いて美味しいものと好きな飲み物を楽しみたいですね。

## 波長の合わない人とは、友だちになれない

## 同期や同僚とのつながりも弱まった転職

最初の企業は、14年間勤めて、人間関係で我慢できないことがありやめてしまいました。人間関係と言っても、同期や上司とのトラブルではありません。同じ部署に問題社員がおり、その相手に疲れてしまったのが原因でした。どうも、私には、苦手なことには立ち向かわず、逃げてしまう癖があるようです。

当時は、ＩＴバブルの時期でしたので、1カ月間は空いてしまいましたが、別のＩＴ企業である外資系のＳ社に入社することができました。後で聞いた話ですが、書類選考の段階で、相談を受けた前の会社の元同僚で先にその企業に転職していた人が、「いいんじゃないですか」と口添えしてくれたことが分かりました。友だちというほどの間柄ではありませんでしたが、良好な関係であったことが幸いでした。

その会社に入ってからは、その方に何かと教えてもらい、昼食場所も、いろいろなお店にご一緒したことを覚えています。出張先で同部屋となり、私のいびきがひどく、ご迷惑をおかけしたなんてこともありました。

仕事の方は、人と会う機会は多かったです。営業ではなく、売り込みというより、ビジネス・パートナーづくりでしたので、あまり心労はありませんでした。会社の業績も良かったですしね。

私の担当していたのは、独立系のソフトウェア・ベンダーとのアライアンス開拓でした。勤務先企業のハードウェア上で稼働するソフトウェア・ベンダーに、他社のハードウェアではなく、勤務先企業のハードウェアによる案件にしていただくためのリレーションづくりや、マーケティング施策を立案・実行していました。

ビジネス・パートナーを通じた間接販売の企業でしたので、極端な話、パートナーが頑張ってくれれば、自然と売り上げは上がるという企業でした。

親会社は、アメリカ東海岸の伝統的な会社と異なり、西海岸の新しい企業でしたので、比較的自由な雰囲気でした。毎週ドーナッツ・デーなるドーナッツ食べ放題の日などもありました。ストックオプション（新株予約権）を付与されたこともありましたが、株価が下がってしまったので、結局一度も行使することはありませんでした。

待遇も悪くはなかったのですが、早期退職優遇制度などもあり、陰りが見え始めてきました。そこで、長期的にこの企業での自分自身の役割も見えてこなくなり、4年でやめてしまいました。

ちなみに、この企業、数年後には、大手ソフトウェアベンダーの外資系のO社に買収されて、今は、もう存在していません。

実は、この会社に勤めていた頃に、最初の企業から私のように転職した人何人かとOB会を開いたことがあります。何度か回を重ねるうちに参加人数も多くなり、最終的に参加者は十数名になりました。最初は、私が幹事となり、かつて気の合った数人で始めたのに、輪が広がっていくにつれて、思い入れも弱まってしまいました。それで、幹事やら開催頻度やらメンバーやらはっきりさせないうちに、自然消滅してしまいました。

## 人の縁は大切にすべき

### 時間泥棒は苦手

この時期に、訪問した企業の担当者が、今度は「御社を訪問したい」と言ってきたので、受け入れたことがあります。当日お会いしてみると、何か用事があるわけでもなく、ただ黙っているだけでした。結局、仕方がないので館内を案内して帰っていただきました。よっぽど、暇だったのでしょう、単なる時間つぶしに付き合わされた格好です。私にとって、仕事の上では、商談上の話を聞いてもらえるとか、この人は情報をくれるとか、何らかのメリットがないと会いたくないです。全く、話を聞いてくれないとか、横柄な態度で接してくるとか、人を見下したような会話をされるような状況になった時はとっとと逃げていました。

友だちの場合でも、無神経な態度だったり、こちらの都合も考えず、一方的に付き合わされてはたまりません。一緒にいて、楽しいとか、落ち着くとか、何らかのいいことがあるから、付き合えるのです。

こうしたこともなく、単に自分の都合だけで、人の時間を奪うような時間泥棒は苦手です。ですから、約束の時間を守れず、いつも遅刻してくるような人は、信じられません。

前の会社の特約店研修で、講師をやっていた時に、東京と大阪が中心でしたが、沖縄で研修の講師をやったことがあります。噂には聞いてはいたのですが、開始時間になっても誰も来ていないのです。日時を間違えたのかと思ったのですが、遅れて、パラパラと悪びれもせず集まってきました。沖縄の方だけの集まりでしたら、当たり前なのでしょうが、信じられない出来事でした。約束の時間を守れず、いつも遅刻してくるような人は苦手です。

私の場合、人と接していると何かと気を使ってしまうことが多く非常に疲れるので、あまり、人と接したくないと思ってしまいます。それよりも、ひとりでいるほうが、自分の都合に合わせて時間が使えて、疲れないと思ってしまいます。

## 利害の対立する人とは友だちになれない

## つらかっただけの転職

次は、またも、1カ月空いてしまいましたが、某コンサルティング企業に転職しました。ここでも、最初の企業にいた頃の先輩で、その企業に転職していた方を頼って、入社しました。今回も、友だちという間柄ではなく先輩でしたが、良好な関係であったことが幸いでした。

その方と同じ部署に配属になり、いろいろとお世話になりました。コンサルティング企業ですから、様々なプロジェクトにメンバーとして加わりました。とにかく残業が多く、毎日、深夜のタクシー帰りなんてこともありました。その頃、ニュースでも大きく取り上げられていた某大手スーパーマーケットチェーンの産業再生機構案件に関わるなどの体験ができたことは貴重でした。この案件も、夜11時からミーティングが急遽召集されることがあるなど、かなりしんどかったです。

この他には、大手飲料製造業のプロジェクトに約３カ月参画したり、大手食品製造業のプロジェクトに約３カ月参画したり、大手自動車用品小売業のプロジェクトに約９カ月参画するなどしました。

勤務先企業は、大手の業務・ＩＴ系のコンサルティング企業で、私は、流通業を担当するコンシューマ・ビジネス事業部に所属していました。最初と次の勤務先で、流通業界と業務系のＩＴソリューションの知識はありましたので、何とかそれぞれの案件にはついていけました。しかしながら、クライアントに課題解決策を積極的に提案するというようなコンサルタントという仕事は、私には向いていないようでした。別のコンサルティング企業に転職していた後輩からも、「おとなしい上田さんには、コンサルタントは似合わない」と言われたことがありました。

ここでは、同じ部署といっても、基本的に仕事はプロジェクト単位ですから、他部署の人と、その都度組むことになります。仕事場も、クライアント先がほとんどでした。仕事がつらいこともあり、同じプロジェクトを経験したからといって、友だちになるようなこともありませんでした。

最初から、分かっていたことですが、これほどまでとは、思いませんでした。頼った先輩の期待にも応えられませんでした。肉体的にも精神的にもつらく、いっそ、交通事故にでもあって入院して休もうかなどと、考えたこともありました。そして、結局ここも、2年でやめてしまいました。

## 同じ職場というだけでは、友だちになれない

## なかなかできない新しい友だち

このように、転職後の4年間と2年間の社会人生活においては、いずれも、最初の会社の知り合いとの付き合いが中心でした。もちろん、知り合いは増えましたが、新しい友だち付き合いは、なかなか生まれませんでした。

唯一、2番目の会社で部下だった人で、その後も年賀状を、つい最近までくれていた方がいます。何年かに一度は、新しい会社に会いに来てくれたりもしました。しかし、私の方から、連絡を取ることはしなかったために、年賀状のやり取りも、つい最近、終わってしまいました。

その後は、社会人生活最後の職場に、定年まで17年間勤めました。ここは、某一般財団法人で、最初の企業の時にある会合に賛助会員として参加していたご縁でお付き合いのあった方を頼って、面接を受け入所しました。
今回も三たび、友だちという間柄ではありませんでしたが、良好な知り合い関係であったことが幸いでした。

ここでも、職場の方々とは、仕事の上ではうまくやっていたとは思います。周りでは、休日に集まってテニスやバーベキューをやったなんて話も聞きました。私はと言えば、最初の頃は上司と一緒にお昼に行きましたが、他の同僚と一緒に飲みに行ったり、休日に遊ぶなんていうことはありませんでした。

最後の勤務先では、流通業界における各種システム標準の普及推進が主な仕事です。最も普及している流通システム標準に、スーパーなどで売られている商品にバーコード表示されている13桁の商品識別コードがあります。このコードは国コード＋事業者コード＋商品コード＋チェックデジットから構成されている国際標準コードなのですが、その事業者コードの付番・管理をしているのです。このほかにも、標準コードがいくつかあったり、電子タグの標準や流通ビジネス・メッセージ標準のようなものもあります。

私が所属していたのはコード管理部で、様々な標準コードの付番・管理が主な仕事でした。私は、こうした各種コードの管理システム再構築プロジェクト管理や制度変更や普及推進、各種研究会の事務局などを担当していました。

こうした仕事が性に合っていたのか、最後に17年間も勤めることができました。

嫌われていたということではないと思いますが、宿泊先で朝起きたら、同室の方が、布団ごと別の部屋に移動していたなんてことがありました。単に、私のいびきがうるさかったからだと思います。

職場旅行も、食事の席は、くじ引きで席が決まっていたので良いのですが、バスなど自由席の場合は、相変わらず、自分から誰かの隣に座るようなことはありませんでした。

結局、これまで、友だちがいなくても、ひとり気ままに過ごせていたので、自分から友だちをつくろうとしてこなかったのだと思います。

## 必要性を感じなければ、友だちはできない

# ネガティブなことばかり言う人は苦手

社会人生活の中で、何かというと、愚痴や泣き言や人の悪口ばかりを言う人に会いました。私自身も、ついつい人の悪口を言いたくなる時もありますが、人が人の悪口や陰口を言っているのを聞いて、良い気はしません。

ましてや、言い方がきつい場合はなおさらです。そういう人は、私のいないところで、私の悪口や陰口を言っている確率がかなり高いと思います。

よく芸能人で、毒舌キャラを売りにしている方を見かけることもあります。中には、

愛のある毒舌で、それほど嫌な気にならず、笑って見ていられる方もいます。しかし、人の悪口を笑いのネタにしているのは、あまり気持ちの良いものではありませんね。

私自身も人の悪口や陰口を言わないように気をつけていますが、やはり、毒舌キャラの方やネガティブ発言の多い方は、聞いていて疲れたり、不愉快になったりしますので、友だちにはなりたくないですね。

最初の企業をやめるきっかけとなった、同じ部署の問題社員というのも、実は、私のことを「あの人は英語が全くできない」と陰口を言っていたのです。海外の親会社の社員が日本に来た際に、私は英語ができないなりにも頑張って対応していました。彼女自身は、海外出身の方だったので、英語はペラペラだったのですが、仕事の内容の方が分かっていませんでした。結局、海外社員からは、私の方が誠実に対応していましたので信頼され、私のことを悪く言った彼女は相手にされませんでした。人の陰口は、ろくなことがないという良い見本でした。

## ネガティブ発言は信用を失う

### 人の話を聞かない人も苦手

人の話を最後まで聞かない人、聞く耳を持たない人も苦手です。こうした人は、物事を決めつけがちで、人にもそれを押し付けがちであると思います。中には、人の言うことは、必ず否定する否定グセのある方もいます。

そもそも、私は、人から一方的に、ああしろ、こうしろと言われるのが好きではありません。ですから、仕事上でも、人の意見も聞かず、一方的に相手の都合のみで命令されるのは、非常に嫌でした。ましてや、人の言うことは全て否定という場合もあり、その場合は嫌というより不愉快でした。
私の場合、こちらの好みや都合を聞かずに、自分の好みや都合ばかりを押しつけてくるような友だちは、いませんでした。一緒にいても面白くありませんからね。

**聞く耳を持たない人とは、友だちになれない**

## 職場以外での友だちづくり

職場以外では、英会話学校や、テニススクールなどに通い始めましたが、いずれも3日坊主で、2～3回で行かなくなってしまいました。全くの授業料の無駄遣いでした。こうしたところで、新しい友だちができるなんてこともありそうですが、辛抱が足りないのですね。

新しい出会いを期待していたわけではありませんが、このように、知らない人と会う機会も、思い切ってつくってみたのですが、やはり、人見知りで引っ込み思案な性格は変わらず、自然と受け身になってしまい、新たな出会いの場も避けてしまっていました。

学生時代から社会人になっても、前記のように、自分から声をかけるタイプではありませんでしたので、いわゆる彼女はいませんでした。職場で、好意を持った女性はいましたが、全く相手にされませんでした。

30歳を超えたあたりで、このままでは結婚もできないと思い、結婚相談所に登録し、婚活を始めました。お会いした人数は覚えていませんが、話が盛り上がらなかったり、こちらが良いと思っても、お断りされてしまったり、なかなかうまくいきませんでした。

スキーの婚活イベントがあり、申し込みましたが、当日無断キャンセルしたこともありました。当日、出発準備をしておきながら、直前になって、行くのをやめてしまったのです。その際は、関係者にご迷惑をおかけしてしまったことを申し訳なく思っています。

そんな中で、たまたま自分と家族構成が全く同じ方と出会いました。お話ししていても緊張せず自然でいられるので、その方と結婚しました。彼女は、3歳下ですが、共に末っ子で、母親が36歳の時の子で、5歳上の兄と7歳上の姉がいることも同じならば、私の誕生日が、先方の両親の結婚記念日と一緒だったり、ご縁を感じました。子どもは授かりませんでしたが、今も、結婚してくれたことに感謝しつつ、仲良く暮らしています。

外部のマネジメント研修に参加した際、その中で参加者のお互いの印象をポストイットに書き出すということがありました。私の場合は、他社の若い参加者から「第一印象：何を考えているか分からない」「グループディスカッションが始まってからは、率先してホワイトボードに書き出すなど頼もしかった」というような評価を得たことを覚えています。

参加者の中では、明らかに年長者でしたので、進んで、話をリードしようとしたのですが、基本的にはあまり積極的に発言する方ではなかったので、前記のような評価につながったのだと思います。

セミナーなどのあとの懇親会も、外部の人と知り合う絶好の機会です。

少しお話しして、同じ年だったり、出身地が一緒だったり、同じ肩書だったり、関連するお仕事だったり、共通の話題があれば、より親しくなれると思います。しかし、そういった情報を得るために声をかけることすらできませんでしたので、パーティの類は大嫌いでした。特に、既に話の盛り上がっている輪の中に入っていくことは、苦手でした。ひとりでいる人に、自分から話しかけたこともありましたが、たいていは話が長くは続きませんでした。同じ職場の人とばかり話すこともできませんので、結局行き場のない壁の花になりがちでした。思い切って、積極的に名刺交換をしても、友だちどころか、知り合いもできないと思い、そういったこともあえてしませんでした。

## 社会人になると友だちはできにくい

## 話しかけやすいかどうか

私は、あまり感情を表に出しません。おやじギャグは苦手なので、あえて聞こえなかったふりをしたりします。声をあげて怒ることもしません。たとえ自分に困ったことが起きても、友だちを頼ろうとは思いません。友だちを困らせてしまうかもしれないと思ってしまうのです。ですから、人前では、いつも、穏やかにしていたいと思っています。そんなところからも、「何を考えているのか分からない」と、言われてしまうのかもしれません。

大学生の頃、誰からか忘れてしまいましたが、ある人から、「あなたの三白眼（黒目の部分がやや小さく、白目の部分の面積が多い）は、人を不愉快にする」と盛んに攻められたことがありました。自分では目つきが悪いとは思いませんでしたが、自分から声をかけない分、無意識のうちに自然と話しかけ難い雰囲気を出していたのかもしれません。

このように、友だちづくりにおいて、話をしていて、不快に感じないかどうかは、大切かと思います。リアルに会う場合も、清潔感がなかったり、いつも怒ったような表情ばかりしていては、お話ししたくないものです。

必ずしも、かっこいいとか、表情が豊かであることが、友だちづくりにおいて、必要な条件とは限りません。波長が合い、気持ちよく付き合えるかどうかが、何よりも重要かと思います。

## 友だちづくりには、見た目も大事

# お金の問題

これまで、友だちであるか友だちでないかにかかわらず、借金を申し込まれたことはありません。もちろん、飲食店で、ちょっとお金が足りないので貸してほしいと言われた程度のことはあります。

このような場合は「貸した金は返らない」と思って貸します。小学校の頃、貸してと言われて、返ってきたためしはありませんでしたし。もちろん、借りた場合は「返すの忘れていた場合は、言いにくいだろうけど言ってね」と言い必ず返します。このように気を使うので、基本的に、友だちといえどもお金の貸し借りはしません。お金の貸し借りは、友だちをなくすとも言いますしね。

学生の頃、ひとり暮らしを始めると、銀行のカードを持つようになり、カードローンで気軽にお金を借りることができました。しかも返済は、毎月一定額で済むリボ払いが利用できました。一時期、毎月返しても、利息分の返済にしかならず、借金額が減らないという事態がありました。社会人になってから早期完済しましたが。

今は、リボ払いの落とし穴や、テレビなどで過払い金の相談などのＣＭもあり、借金はしません。若い頃は、セールスの口車に乗せられて気軽にローンで買い物をしたりしていました。全て無駄遣いでした。

これまで、誰からも保証人になってくれと言われたことはありません。たとえ、知人であったとしても、友だちだった方であっても、保証人にだけはならないと誓っています。お金の貸し借りも、余程のことがない限りお断りです。

## 友だちとは、お金の貸し借りはしない

# 第7章　ネット時代の友だち

## ネットで友だちづくり

インターネット以前には考えにくかったのですが、ＳＮＳがこれだけ浸透してくると、ネットがきっかけで友だちになるなんてこともあるかと思います。目の前にいない人と気軽に連絡が取れるようになりました。以前にも固定電話や手紙などありましたが、携帯電話やスマホのアプリなど便利な世の中になりました。

ただし、一般的には、現実の世界がきっかけの友だちよりもネットの世界がきっかけの友だちの方が、希薄なイメージがあります。特に、各種のＳＮＳなどは、簡単にフォロワーや友だちなどになれますし、逆に簡単に離れていきます。

私も、これなら敷居が低いと思い、フェイスブックに実名で投稿していた時期があります。所属していた外部の某研究会で、「実験的にみんなでやりましょう」ということになったり、私自身からも、積極的に友だち申請をして50人を超えるリアルな知人とネットでもつながりました。フェイスブック側から勤務先などから「友だちかも」という案内があり、知人が出てきた場合は、こちらから申請しました。

また同姓同名の方がいたので、当然リアルには知らない方でしたが、なんとなく親しみを感じて、友だち申請をしたら、受けていただいたなんてこともありました。

このように、リアルの世界では、人見知りな私も、ネットの世界では、若干積極的になることができました。当時、雑誌などに載っている有名なラーメン屋さんを巡っていましたので、食べ歩きしていた情報などを投稿していました。こうした情報に興味を持ってくれた方が、よくコメントを投稿してくれました。

ただし、ネットでは、なりすましや悪意を持って近づいてくる場合もあります。安易に信用できる友だちがどんどんできるとは、思わないほうが良いと思います。

## ネットで簡単に友だちになれる？

### 可視化される友だち

現実の世界での友だちは、友だちであるかどうかは、きわめて曖昧です。「あなたは、何人の友だちがいますか？」と聞かれて直ぐに答えられますか？　現実の世界でも、電話番号などの連絡先を知っている人数など、明確な部分もありますが、友だちか単なる知り合いかの線引きは、難しいと思います。

ネットの世界では、これがはっきりとしてきます。メールアドレスやＳＮＳのＩＤや「友だち申請」や「いいね！」や「コメント」など、全てが明確に登録・保存されます。

また、ＳＮＳでは、「クラス全員」「職場全員」「仲良しグループ」など限定的なグループを作成することもできます。つまり、「親友」か「友だち」か「単なる知り合い」かの明確な色分けができるわけです。これが、グループに入れてあげないとか、グループから排除されるとか、ブロックされるとか、新たな仲間外れの問題も生むことにもなっています。

「いいね！」やアクセス数を増やしたいために、「インスタ映え」「ＳＮＳ映え」を狙ったり「やらせ動画」や「迷惑行為動画」など、社会問題になるケースさえ起こっています。

ＳＮＳでは、いつ書き込み、読んだかどうか、いつ返信したかなどが全て明らかとなってしまいます。メールの場合も、送受信の日時は明確です。ここまでくると、「既読スルーした」とか、「返事が遅い」とか、「返事をくれない」とか、過剰に気を使う部分も多くなっています。

こうした中毒ともいえる状況を回避するには、授業中とか仕事中とか、返信が遅くなることもあることなど、あらかじめ、ルール化しておくことが必要だと思います。

直ぐに連絡をくれないからと言って、一度生まれた友情が、直ぐに壊れることにはならないのですから。常にべったりというより、軽さがある方が、友情は長続きすると思います。

現実の世界では、知り合ってから、「話をしてみて気が合うので、友だちになった」というように、結果としての友だちが多いように思います。しかしながら、ネットの世界では、まず初めに、友だち申請をして友だちになり、気が合わなかったら抜けるというように、カタチから入る友だちもありの世界になったような気がします。

つまり、とりあえずネットで友だちになり、その後、直接会うに足るような価値のある人とは、オフ会で会うというように、友だち関係もオンライン化していると言えるかもしれません。そもそも「友だち」という言葉も、あまり意識する必要はなく、単なる知り合いの場合も含めた広い意味で使われるようになっているように思います。

## カタチから入る友だちもあり

### 見知らぬ人からのアプローチ

ネットでは、思わぬ人からの連絡もあります。長い間、「上田流通問題研究室」というホームページを管理していました。今はもう閉鎖しています。そこでは、流通に関する様々な情報やリンク集や、私の読書履歴や映画鑑賞履歴などを掲載していました。ある時、テレビにも出ているような経済評論家の方から、メールを頂いたことがありました。掲載していた読書履歴には、読後感想として◎○△×を付けていました。その方の著書に◎を付けていたので、お礼のメールでした。わざわざメールを頂いて、私の方が嬉しくなってしまいました。おそらく、エゴサーチして見つけてくれたのでしょうね。もちろん、その後、メールをやり取りするような関係になることはありませんでした。ネット時代だからこその出来事でした。

当時は、個人で同じくスーパーやコンビニなどの流通関係の情報を扱っているホームページが多くありました。そうしたホームページの多くと相互リンクなどもしていました。中には、お声がけいただいて、仕事に絡めて新潟まで出張し、社内ミーティングでミニ・セミナーを開いたり、夜の懇親会に招いていただいたこともありました。その方とは、その後数年間、年賀状のやり取りだけは続けていました。

他にも、仕事関連で、連絡を取り合うようになった方もいました。また、大学の流通関係のゼミの方のホームページなどもありました。大学生から流通に関わる質問がメールで寄せられることもありました。

中には、ただ単にアクセス数を増やしたいだけの全く無関係のホームページからの相互リンク要請もありましたが、当時は極力応じていました。

コンサルティング企業に転職した際に、流通担当の部署の方が、私のホームページの流通関連ニュースの更新履歴を毎週部内回覧していたことが分かったなんてこともありました。

このホームページと並行して、整理・整頓に関するブログを立ち上げていたこともありました。このブログを見た某大学の先生からお声がけを頂いて本の執筆に関わる事になったこともあります。『インターネットの効率的学術利用　情報収集・整理・活用』（杉田米行編集、成文社２００４）という本で「第7章　効率的整理学」を12ページ担当しました。この先生とは、全く面識もなく、出版まで一度も顔を合わすことなく、全てメールでのやり取りのみでした。

このようにネットは、見知らぬ人と出会うチャンスがあります。当然、私が公開している内容などに興味を持つ方々ですから、意気投合しやすいわけです。必ずしも、リアルのお付き合いにつながるとは限りませんが、必要な時に連絡を取り合うことができる関係にはなれます。

私の場合、ネット上での友だちは、あくまでリアルの知人がほとんどでした。新たな知人もできましたが、ネットだけの弱い結びつきで、連絡を取り合うような関係にはなかなかなれませんでした。ただし、こうした新たな出会いや、連絡先を知らなかった昔の知人と、いつでも連絡を取れるようになったというのは、一つのメリットだったと思います。

## ネットで新たな友だちも見つけられる

## ネットでのトラブル

ある時フェイスブックでアカウントを乗っ取られ、友だちに勝手にメールを送られたことが分かり、即座にアカウントを削除したことがありました。メールの内容は「今、暇？」というような内容で、返信をするとエラーになるメールアドレスが使用されていたようです。普段、そのようなメールは送りませんし、不審に思った知人が、有効なメールアドレス宛に知らせてくれました。また、フェイスブック側からも「あなたのアカウントが不正使用された可能性があります。」というようなメールが来て、判明しました。

幸か不幸か、女性には送られていないようでした。急な削除対応をとりましたので、友だち登録していただいていた方々にはお知らせもせず、突然、アカウントを閉じてしまったこと、自分でも、失礼なことをしてしまったと反省しています。

ネット上でのトラブルといえば、実名アカウント以外に、「くまのキャラクターのファンページ」も運営していました。私の持っているくまさんグッズの紹介や、ネットで販売しているくまさんグッズの紹介などをしていました。そこで、リンク先として販売先につながるＵＲＬを使用していました。

フォロワーが１００人を超えた頃、「アフィリエイト乞食」だとか「嘘つき」とか誹謗・中傷するコメントが、書き込まれるようになりました。はじめは、丁寧に反論していたのですが、一方的で独りよがりな言い分なので、ブロックしたりしました。ところが、別なメール・アドレスを使い、執拗に書き込んできたので怖くなり、こちらのアカウントも、止めますとの最終コメントを数日間残して閉じてしまいました。

やはり、１００人を超えると、どうしてもこのような人が入り込んでくるんですね。それまでは、まったりとした平和な世界でやっていたのですが、ひとりの女性のために残念でした。ネットで匿名であるだけに、悪意あるコメントは、とても悔しかったです。

ネットでは、匿名でツウぶって書き込みする人がいます。実名では決して言えないような誹謗・中傷を「クソ」とか「死ね」とか汚い言葉で盛んに書き込んでくる人たちです。こうした人たちは、相手にせずに無視するしかないですね。

## ネットの使用は注意が必要

### ネットで自己表現

先のファンページを終えた後、しばらく、別のSNSで、食べ歩きしていた情報などを中心に投稿していました。しかしながら、これも、しばらくしてやめてしまいました。

その後、定年退職したのを機に、日記形式のブログを始め、今も続けています。今回は、フォロワー増加策などをとっていないため、アクセス数はわずかなもので、「いいね」の数も一桁台です。

フォローしていただいている方は、意外といます。しかしながら、特に毎日の投稿に対して「いいね」などを押してくれているわけではありません。その方のブログを見ると、明らかに集客を目的としていると思われるものが多いです。ですから、フォローは自動的に承認するよう設定していますが、フォロー返しすることはありません。

まあ、日記のつもりで自己満足でやってますので、アクセス数は気にしませんが、「いいね」は、数少ないですが、やはり嬉しいですね。前述したファンページのトラウマがあり、コメントは、受け付けていません。当然、友だちづくりにもなっていません。

こちらのブログは、匿名でやっています。定年退職して、職場のメールアドレス等は無くなってしまいましたので、連絡が来ることを期待しているわけではありませんが、実名によるＳＮＳのアカウントを再度登録し、出身校や職歴を公開しています。ブログの内容をこちらに、切り替えようかとも思いましたが、こちらは特に、日々の書き込みはしていません。アカウントだけの公開になっており、友だちも登録されておりませんので、万が一、またアカウントを乗っ取られても、友だち登録している方に迷惑をかける心配はありません。

今のところ、このSNS経由で連絡があったなんてことはありません。

## 友だち申請は受け付けています

第8章

# 退職後の友だち

# 友だちがいなくなる

友だちとなった日から、生涯友だちでいることは、非常に難しいと思います。連絡が取りにくい環境となってしまったり、利害が一致しなくなってしまったり、好みが変わってしまったり、様々な理由が考えられます。

人間は年を取ると、だんだん、我がままになっていきます。自分では決してなれないようなタイプの友だちを欲しがったり、自分からは決して与えないものを友だちからは期待するようになります。つまり、役に立つ人こそが友だちというように、友だちのハードルが年々、高くなっていってしまっているような気がします。

付き合うことに魅力を感じなくなってしまった大勢の友だちよりも、本当に付き合う価値のあるひとりの友だちさえいれば良いと、私も思います。いっそのこと、気を使い疲れてしまうような友だちなら、いなくてもいいとさえ思います。

どうしても、友だちは残しておきたい、新たにつくりたいという場合は、友だちに対しては、ある程度の妥協は必要で、一旦友だちになったら、簡単に見限らないことが必要かと思います。

孤独老人と言われようが、自分が幸せなら、それでいいと思います。幸せかどうかは、他人ではなく本人が決めることですからね。孤独は、好きなことに没頭できる贅沢な時間で、人付き合いのストレスも激減します。

ただし、社会から孤立することだけは、避けたいと思います。

## 友だちはいなくても平気

# 友だちがいなくて良いこと

友だちがいて良いことは、数多くあると思います。しかしながら、友だちがいることによる不都合点もあると思います。それならば、友だちがいなくて良いこともあるのではないでしょうか。

まず、ひとりで楽しむ趣味などを持っている場合は、友だちの都合に合わせて付き合う時間を、そのための時間に充てることができます。つまり、誰にも邪魔されずに、好きなことに自由に時間を割くことができるということです。

また、お金の面もあります。友だちと過ごすために時には、お付き合いで外食したり遊びに行ったりして、お金を使うことがあります。友だちがいない場合は、こうしたことにお金を使わず、自分のためだけに好きなことにお金を使うことができます。

友だちがいると、時には、相手の好みに合わせて見る映画を選んだり、コンサートに行ったり、旅行に行ったり、外食に行ったりなんてこともあります。これらが全て、自分の好みだけで決められるのです。ちなみに、私の場合は、誰かと一緒の場合は、相手の希望を優先してしまうタイプです。

それに、友だちがいないとひとりでいることが多いので、孤独に耐えられるというかむしろ、孤独だと思わなくなります。そして、何でも、ひとりで解決しようという力がついてきます。つまり、ひとりを楽しんでいると、友だちがいなくて寂しいという悩みがなくなっていくわけです。もちろん、社会から孤立しても良いと言っているのではありません。あくまでも、友だちのことを言っているのです。

100%完璧な友だちなどありえません。時には、友だちと気を遣い合ったり、衝突したり、けんかになったりすることもあるでしょう。その度ごとに、友だちとの距離感に悩むこともあるでしょう。

友だちがいない場合は、そういった精神的なストレスもありません。

だからといって友だちがいないことを勧めているわけではありません。誰からも干渉されなければ、ひとりの方が楽ではないですか。友人といるよりも、ひとりでいるほうが落ち着きませんか。友だちがいなくて寂しいと思わなければ、友だちがいないことは、時間やお金も自由になるのではと言いたいだけです。

**友だちがいないと、時間やお金が自由に使える**

## 友だちがいなくて不都合なこと

私は、友だちはいなくても良いと思っています。なので、不都合な点は、あまり思い浮かびません。

「友だちがいないと寂しい」とよく言われます。要は感覚の問題です。ひとりで気が楽だと考えればいい話だと思います。友だちがいないことと、人と接しないことは同じではありません。仲良くしたり、特に親しい人がいないだけです

「人間性に問題があると思われる」とも言われます。確かに、学生の頃はひとりでいると「いつもひとりぼっちだね」と言われたり、いじめにあうこともあります。これも、ひとりの殻に閉じこもらないで、たまにクラスメイトと会話するくらいの付き合いをしていれば、済む話です。大人になってくると、全くの思い込みで、人はそれほど注目してくれていないことに気づきます。

「相談相手が見つからない」なんてことがあるかもしれません。でも、友だちだからと言って、何でも気軽に相談なんてしませんよね。内容によって、親や先生や上司や同僚や電話相談、今ではインターネットで匿名で相談もできます。

「結婚式や葬式に来てくれる人がいない」などは、今では心配無用ですね。結婚式をあげない人もいますし、親族だけのお葬式も増えています。極端な話では、一昔前に

は、さくらを雇うなんてこともありました。

「孤独死してしまう」にいたっては、友だちにそこまで求めるには無理があります。同居する家族もなく、全くのひとり暮らしになってしまった場合は、別居する家族や親せきがいれば、何らかの確認方法を決めておくとよいと思います。いない場合でも、民間や行政による見守りサービスなどもあります。

ただし、友だちがいない場合は、確実に人とお話をする機会は減ってくると思います。そうすると、対話する能力だけは、衰えていくと思われます。

以上のような考えられる不都合点は、孤立してしまった場合には考えられますが、単に友だちがいないというだけでは、それほど不都合点だとは考えられません。

## 友だちがいなくても、孤立しなければ不都合点はない

## 「ひとりぼっちを笑うな」

タイトルを見て思わず読んでみた本があります。それは、漫画家の蛭子能収さんの『ひとりぼっちを笑うな』（ＫＡＤＯＫＡＷＡ２０１４）という本です。蛭子さんというと、ギャンブル好きで、ちょっと変わったおじさんというイメージがあります。読んでみると、友だちに関する考え方が、とても似ていると思いました。

サブタイトルの中でも特に共通していると感じたものは『友だちはいらない』（53頁）『ときに友だちは自由を奪う存在になる』（１３８頁）『目立ちたくない』（68頁）『自己主張はしない』（81頁）『贅沢品・高級品で自己表現しない』（72頁）『食事会や飲み会はムダ話の宝庫』（25頁）『大皿料理は大の苦手』（21頁）『「群れ」もイヤだが差別も嫌い』（39頁）など特に似ていると感じました。

もちろん、性格的に異なる点はあります。蛭子さんは、パチンコ、競輪・競馬・競艇など大のギャンブル好きですが、私は、宝くじなどしか買ったことがありません。他人のお葬式では、思わず笑顔になってしまうとのことですが、そのような感情は湧きません。大物であろうと『楽屋挨拶はしない』（85頁）とのことですが、気が小さいので、私だったら、挨拶だけはすると思います。

また、映画は必ず映画館で、馬券なども必ず現地に行って買うのが基本スタイルで、繁華街とくに風俗街を歩くのが好きだそうです。街で人を見るのが楽しみという点においては、共通していますが、映画はオンラインで見ますし、もう購入してませんが、スポーツくじなどは基本オンラインで購入していました。ただし、宝くじだけは、ネットではなく、当選実績のある売り場で、購入していました。

内向的な蛭子さんですが『内向的「すぎる」ではいけない』（56頁）というように、極端に人とのつながりを否定しているわけではなく『外交的を否定はしない』（62頁）と外交的な人も認めている点も、共通していると思いました。

## 友だちはいらない

### ひとりで過ごすということ

映画監督の押井守さんの著書『やっぱり友だちはいらない。』（徳間書店２０１７）も、共感できる内容の多い本でした。映画ライターの渡辺麻紀さんがインタビューし、押井守さんがそれに応えるという形をとっています。

「言いたいことも言えないのに友だちなのか？　だよ。そういう相手は、友だちでも仲間でもないということ。」（１９６頁）とか、「気を遣い続けなきゃいけない友だちなんて必要ないし、そういうのを友だちとは言いませんから。」（１９６頁）などは、共感できます。「真の友だちは、何も秘密を共有するとかじゃなくて、お互いの価値観を尊重し合う関係のこと。」（２０７頁）なども、その通りだと思います。

ただし、「映画の仕事仲間やカラテ道場の稽古仲間もいます。でも友だちは一人もいません。」（5頁）など、ちょっと、友だちに対する認識は違うようです。私からすれば、仕事仲間や稽古仲間なども友だちではないかと思います。

そんな押井監督ですが、友だちはいらないと言いつつも、「孤独は良くないです。」「孤独というのは、誰か側にいて欲しいと思ったときに誰もいないことで、いつも誰かが必要と言う意味じゃない。」（66頁）と、おっしゃっています。


「あの人は孤独だと、人からからかわれた」と思い込んで人が起こした事件のニュースがありました。誰からも必要とされていないと思い込んで孤立した状況は、非常に危ないと思います。

私は、自分が孤独だとも思っていませんし、孤立した状況にも陥らないようにしています。相手の良い所を見て、好きになることも必要かと思いますが、私は、ひとりが好きなのです。あくまで、価値観や考えの異なる人とは、無理して付き合おうとは思わないだけなのです。かえって疲れるだけですからね。

誰とも付き合わず、ひとりで生きることも、選択可能な時代になったと思います。ただし、生きていくうえで必要な人との接触や、損得や利害を超えた家族とのつながりは、最低限必要だとは思います。

ひとりで過ごすお薦めは、映画鑑賞、音楽鑑賞、読書などです。図書館や電子書籍、ケーブルテレビの映画チャンネルや各種の動画配信サービスなど、ちょっとした費用で読む本や観る映画は無限にあります。ただし、くだらないテレビ番組をボーっと観るのはお薦めしません。また、無責任な匿名のネガティブ発言がいっぱいのＳＮＳにのめり込むのもお薦めしません。時間が無駄に過ぎていくだけで、精神衛生上も良いことがありません。これでは、インドア過ぎますので、喫茶店やカフェ、ウインドウショッピング、散歩などのアウトドアに出ることもお薦めです。

# ひとりで、気楽に過ごす

# おわりに

こうして、振り返ってみると、その時代ごとに、少ないながらも、私にも友だちがいたことが、明らかになりました。ただ、私の方から、友だち付き合いを続けるようなことをしなかったために、自然と離れていった感じです。カルチャー教室、習い事、スポーツクラブなど、新たな出会いの場に参加しても、積極的に馴染もうとしなかったこともあるかと思います。

友だちが少ない理由も、人見知りだったり物静かな性格で会話が苦手、自分に自信がなく積極的に話しかけたり、友だちづくりに動かなかったことにあると思います。他人に興味がない、人に心を開かないなどもあったと思います。もし私自身が有名人だったら、周りから、積極的に声をかけられたのでしょうが、自己主張はしない、気持ちを伝える努力をしないので人の意見を取り入れてばかりなど目立たないように意識してきました。また、中学・高校・予備校・大学・社会人と、常に、知らない人ばかりのところを転々としたこともあるかと思います。定年退職したら、まさに「そして誰もいなくなった」という感じです。

友だちのいない今が、寂しいとは感じていません。今では、「おひとり様」とか「ソロ活」とかいう言葉もあるように、ひとりで誰に気兼ねするでもなく気ままに過ごすのもありな時代になってきたように思います。

非社交的で、多数の人と関わることや群れることが苦手で、大勢の中ではあぶれてしまい、ひとり遊びの方が楽で、ひとりになれる時間が好きな私には、多様性が認められる良い時代になりました。

もちろん、自分とウマが合う、波長が合う、同じ空気を吸える、金銭感覚、時間感覚が同じで、悩み、話が合う、共感できる、内面的なもの、好きなものが似たような友だちがいればいたで良いとは思いますが今の私は、ひとりで十分です。子どもはおりませんが、隣には、奥さんもいます。でも、定年後に奥さんにべったりなんてのは嫌われますよね。もちろん、奥さんとは、適度な距離感が必要です。

友だちは、数より質だと思います。表面的な友だちではなく、心から信頼できる人がひとりでもいれば十分だと思います。相手の長所を探し、自分の長所も認めてくれるような関係が理想だと思います。

私にはできなかったことですが、お近づきになりたいと思ったら、自分から笑顔で声をかけ、最初は相手の話に合わせることから始めることだと思います。反応が悪くても気にせずに、別の人を探せば良いと思います。苦手な人もいて当たり前です。挨拶はしておいた方が良いと思います。それでもだめなら、近づかないことです。

友だちが多い自慢、こんな人とも友だち自慢には、魅力を感じません。ましてや、SNSでフォロワーが何百人、何千人、何万人、何十万人いたところで、別世界での話です。

友だちがいないとお悩みの方、私のような考え方の人間もいることで、少しでも、心の負担が軽くなれば幸いです。孤独ではありませんが、社会から孤立だけはしないようにしたいと思います。

## 主要参考文献　『書名』（著者名、出版社、出版年月）


『「友だち」から自由になる』（石田光規著、光文社２０２２年９月）

『ちびまる子ちゃんの友だちづき合い』（さくらももこ［キャラクター原作］、沼田晶弘監修、集英社２０２２年３月）

『みんなに好かれなくていい』（和田秀樹著、小学館２０２１年４月）

『友人の社会史』（石田光規著、晃洋書房２０２１年２月）

『友だちってなんだろう？　ひとりになる勇気、人とつながる力』（齋藤孝著、誠文堂新光社２０２０年８月）

『ひとりメシ超入門』（東海林さだお著、朝日新聞出版２０２０年２月）

『孤独こそ最高の老後』（松原惇子著、ＳＢクリエイティブ２０１９年７月）

『文豪たちの友情』（石井千湖著、立東舎２０１８年４月）

『やっぱり友だちはいらない。』（押井守著、徳間書店２０１７年12月）

『「ひとりぼっち」こそが最強の生存戦略である』（名越康文著、夜間飛行２０１７年６月）

『ひとりぼっちの辞典』（勢古浩爾著、清流出版２０１７年５月）

『先生は教えてくれない！　クレヨンしんちゃんの友だちづきあいに大切なこと』（臼井儀人 著、高田ミレイ［イラスト］、双葉社２０１７年３月）

『ひとりぼっちを笑うな』（蛭子能収著、ＫＡＤＯＫＡＷＡ２０１４年８月）
『君に友だちはいらない』（瀧本哲史著、講談社２０１３年11月）
『こうすれば友だちと仲良くできる』（香山リカ著、小学館クリエイティブ２０１０年12月）
『大人のための友だちのつくり方』（島田裕巳著、ぶんか社２００９年10月）
『友だち幻想　人と人の〈つながり〉を考える』（菅野仁著、筑摩書房２００８年３月）
『友だち地獄――「空気を読む」世代のサバイバル』（土井隆義著、筑摩書房２００８年３月）
『友情を疑う　親しさという牢獄』（清水真木著、中央公論新社２００５年９月）
『マンガで読む　大人も知らない「本当の友だち」のつくり方』（松本啓子著、講談社２００５年７月）
『友情について』（キケロー著、岩波書店２００４年４月）
『そんな友だちなら、いなくたっていいじゃないか！』（齋藤孝著、ＰＨＰ研究所２００４年３月）
『友情の文学誌』（高橋英夫著、岩波書店２００１年３月）
『大人のための友だちのつくり方　人生はヒトと出会ってこそ面白い』（横沢彪著、サンマーク出版１９９６年12月）
『君たちはどう生きるか』（吉野源三郎著、岩波書店１９８２年11月）

## 主要参考調査・レポート

「令和３年版高齢社会白書」（内閣府）

「令和２年度 第９回 高齢者の生活と意識に関する国際比較調査結果」（内閣府）

「若者の生活と意識に関する調査」「生活と意識に関する世代比較調査」（青少年研究会２０２３年９月）

〈著者紹介〉

**上田俊秀**（うえだ としひで）

1961年、山梨県に生まれる。東京都立大学　経済学部卒業。

日本アイ・ビー・エム（株）、サン・マイクロシステムズ（株）、アビームコンサルティング（株）、（一財）流通システム開発センターに勤務の後、定年退職。

現在、フリー。趣味は、映画鑑賞、読書、散歩。

主な著書に、共著『インターネットの効率的学術利用――情報収集・整理・活用』（杉田米行編集、成文社2004）の「第7章　効率的整理学」がある。

だから私《わたし》には友《とも》だちがいない

2024年2月29日　第1刷発行

著　者　　上田俊秀
発行人　　久保田貴幸

発行元　　株式会社 幻冬舎メディアコンサルティング
〒151-0051　東京都渋谷区千駄ヶ谷4-9-7
電話　03-5411-6440（編集）

発売元　　株式会社 幻冬舎
〒151-0051　東京都渋谷区千駄ヶ谷4-9-7
電話　03-5411-6222（営業）

印刷・製本　中央精版印刷株式会社

検印廃止

Printed in Japan
ISBN 978-4-344-94984-3 C0095
幻冬舎メディアコンサルティングＨＰ
https://www.gentosha-mc.com/